이화 한국어

이화 한국어 2-1 (日本語版)

지은이 김현진 · 이인경 · 강여림 · 박은선 · 김미영

펴낸날 1판 1쇄 2010년 8월 9일
4쇄 2018년 2월 8일

펴낸이 권은미 **펴낸곳** 이화여자대학교출판문화원
주소 서울특별시 서대문구 이화여대길 52(우03760) **등록** 1954년 7월 6일 제9-61호
전화 02) 3277-2965(편집), 02) 362-6076(마케팅)
팩스 02) 312-4312 **전자우편** press@ewha.ac.kr **홈페이지** www.ewhapress.com

책임편집 이혜지, 민지영 **디자인** design **Vita** **번역** 이즈미 지하루
일러스트 이지영 **사진** 정영진, 이화여자대학교 언어교육원, 이화여자대학교 홍보과
녹음 정영진@e-sound studio **성우** 유남희, 최정호 **인쇄** 한영문화사

ISBN 978-89-7300-886-5 18710
978-89-7300-875-9 (세트)
값 16,000원

* 사진 촬영에 협조해 주신 Van Den Peereboom Gilles E. M., Qiao Shanshan, Biernath Anne Madlen, Suzuki Makiko, Ishizawa Shinji, Saygi Kemal 씨, 이화여자대학교 언어교육원 학생들과 이화여자대학교 학생들에게 감사를 드립니다.

* 잘못된 책은 바꾸어 드립니다.

이화여자대학교 언어교육원
梨花女子大学校 言語教育院

이화 한국어

김현진 · 이인경 · 강여림 · 박은선 · 김미영 지음

日本語版

2-1

KOREAN Ewha

EPRESS

책을 펴내면서

이화여자대학교 언어교육원은 국내 최초의 의사소통 중심 교재『말이 트이는 한국어(Pathfinder in Korean)』를 발간한 지 12년 만에 새로운 의사소통 중심 교재『이화 한국어(Ewha Korean)』를 발간하게 되었습니다. 지난 10여 년 동안『말이 트이는 한국어(Pathfinder in Korean)』는 세계 각국에서 한국어 교재로 널리 사용되어 왔으며 현재까지도 외국인들에게 한국어 학습의 좋은 길잡이가 되고 있습니다. 그러나 새로운 시대 흐름에 맞춘 교재 집필이 필요하다고 생각되어 언어교육원에서는 2008년부터『이화 한국어(Ewha Korean)』개발에 착수하였으며, 교육과학기술부의 '2009 한국어 연수 프로그램 지원사업'에 선정되어 교재 개발에 박차를 가할 수 있게 되었습니다. 그리고 지난 일 년 간 언어교육원 한국어 과정에서 몇 차례의 시험 사용, 수정 작업을 거쳐 발간하기에 이르렀습니다.『이화 한국어(Ewha Korean)』시리즈는 1급에서 6급까지 총30권의 교재와 연습서로 구성되며, 앞으로 단계적으로 발간될 예정입니다.

『이화 한국어(Ewha Korean)』는 말하기 · 듣기 · 읽기 · 쓰기의 통합 교재이며 초급부터 고급까지 연계적으로 구성되어 있습니다. 이 교재는 네 가지 언어 기능의 균형 있는 발전을 유도하면서도 특히 말하기 능력을 강화하도록 고안된 것이 특징입니다. 말하기 연습을 유도하는 장치로 'Try it'을 활용하였는데 이것은 외국인 학습자가 주도적으로 대화를 이끌어 갈 수 있도록 담화 순서와 문장의 핵심어를 담은 것입니다. 이 장치를 따라 말하기 연습을 함으로써 학습자는 단순 암기 방식에서 벗어나서 주도적으로 대화를 이끌어 가는 능력을 기를 수 있을 것입니다. 또한 최근 학습자 성향과 편의를 고려하여 1~3급은 교재를 두 권으로 구성하였으며, 1급과 2급은 영어, 일본어, 중국어(간체, 번체)로 설명을 넣는 등 세밀하게 학습자 요구를 반영하고자 하였습니다.

이화여자대학교 언어교육원을 대표하여,『이화 한국어(Ewha Korean)』가 출간되기까지 이 책의 저자들이 쏟은 열정과 노고에 대해서 깊은 감사를 드립니다. 또한 내용 구성에 많은 조언을 해 주신 이해영, 김영규, 최형용, 박선희 교수님께 감사의 말씀을 드리며, 문학 부분에 조언을 해 주신 김현자 교수님께도 감사의 말씀을 드립니다. 또한 편집과 출판을 맡아 주신 이화여자대학교출판문화원에도 고마움을 전합니다.

앞으로『이화 한국어(Ewha Korean)』가 국내외에서 한국어 교재로 널리 활용되어 한국어를 쉽고 재미있고 효과적으로 교수 · 학습하는 데 기여하기를 기대합니다.

2010년 6월

이화여자대학교 언어교육원

원장 양 혜 순

発刊にあたって

梨花女子大学校 言語教育院は、韓国内で最初のコミュニケーション中心の教材『말이 트이는 한국어(Pathfinder in Korean)』を発刊してから、12年ぶりに新しいコミュニケーション中心の教材『이화 한국어(Ewha Korean)』を発刊することになりました。これまでの10数年間、『말이 트이는 한국어(Pathfinder in Korean)』は韓国語教材として世界各国で広く使われ、現在も外国人に韓国語学習のよき道しるべとなってきました。しかし、新しい時代に合った教材の執筆が必要と考えられ、言語教育院では2008年から『이화 한국어(Ewha Korean)』の開発に着手し、教育科学技術部(文部科学省にあたる)の'2009韓国語研修プログラム支援事業'に選ばれ、教材開発に拍車をかけることができました。そして、この1年間、言語教育院韓国語課程では、数回に渡るテスト使用と修正作業を経て発刊に至りました。『이화 한국어(Ewha Korean)』シリーズは1級から6級まで全30巻の教材と練習帳によって構成され、今後、順次発刊していく予定です。

『이화 한국어(Ewha Korean)』は話す・聞く・読む・書くの総合教材であり、初級から上級まで体系的に構成されています。この教材は４つの言語技能をバランスよく習得するよう促しながらも、特に話す能力を高めるように考案されていることが特徴です。話す練習には'Try it'を活用しますが、これは外国人学習者が自ら会話をリードすることができるように談話の順序とキーワードを提示しました。この'Try it'に沿って話す練習をすることで、学習者は単なる暗記ではなく自らが積極的に会話をリードする能力を育てることができるのです。また、学習者が使いやすいように1～3級の教材を各々2冊構成にし、1級と2級は英語、日本語、あるいは中国語の説明を入れるなど細かい学習者の要望に応じました。

梨花女子大学校 言語教育院を代表して、『이화 한국어(Ewha Korean)』が出版されるにあたり、本書の著者が注いだ情熱と労苦に深く感謝いたします。また、内容構成に多くのアドバイスをいただいたイ・ヘヨン(李海瑛)、キム・ヨンギュ(金榮奎)、チェ・ヒョンヨン(崔炯龍)、パク・ソニ(朴善姫)教授に心より感謝申し上げます。また、文学に関してアドバイスをいただいたキム・ヒョンジャ(金賢子)教授にも感謝申しあげます。そして、出版を快く引く受けてくださった梨花女子大学校出版文化院にも感謝の気持を表したいと思います。

今後、『이화 한국어(Ewha Korean)』が国内外で韓国語教材として広く活用され、韓国語を易しく、楽しく、効果的に教え、学習することができるよう期待する次第です。

2010年6月

梨花女子大学校 言語教育院

院長 ヤン・ヘスン(梁恵順)

차례 目次

교재 구성표

단원	제목	내 용				
		Part 1			Part 2	
		준비합시다	들어 봅시다	말해 봅시다	준비합시다	들어 봅시다
1	첫 만남	(이)라고 하다 –(으)ㄴ 지 –(으)ㄴ/는/(으)ㄹ 게 아니라	이웃과 인사 나누는 대화 듣기	반 친구와 인사 나누기 표현 한국에 온 시기 묻고 답하기	에 대해(서) –(으)려고 어휘 동아리 동아리 활동	환영 인사말 듣기
2	한국 생활	–지만 에 비해(서) –아/어 드릴까요	선생님과 상담하는 대화 듣기	하고 싶은 일에 대한 정보 알려 주기 표현 한국 생활에 대해 묻고 답하기	–(으)ㄹ 때 –았/었을 때 어휘 편의 시설	대중교통 이용에 대한 대화 듣기
3	음식과 생활	–(으)시겠습니까 때문에 –기 때문에	전화로 음식 배달 주문하는 대화 듣기	식당에서 음식 주문하기 표현 음식 주문하기	(이)나 ㅅ 불규칙 어휘 요리법	요리 프로그램 듣기
4	여행	–는 중 –기로 하다 –나요	여름휴가에 대한 대화 듣기	놀러 갈 곳에 대한 정보 주기 표현 놀러 갈 곳에 대한 정보 묻고 답하기	–(으)ㄹ래요 –겠– 어휘 여행지에서	관광 상품 소개하는 대화 듣기
5	경험	–(는)군요 –(으)ㄴ 적이 있다 어휘 회사 종류 면접시험	회사에서 면접하는 대화 듣기	아르바이트 경험 말하기 표현 아르바이트 경험 묻고 답하기	–는 동안 –거든요 –(으)니까	식당에 간 경험에 대한 대화 듣기
6	건강	–도록 –(으)려면 어휘 병, 증상	전화로 진료 예약하기	병원에서 증상 말하기 표현 환자의 증상 묻기 약 먹는 방법 묻고 답하기	–기 위해(서) –거나 –아/어서	독감 예방을 위한 방송 듣기
7	쇼핑	–(으)ㄹ까요 –(으)ㄴ/는/(으)ㄹ 것 같다 –(으)ㄴ 덕분에	입학 선물에 대한 대화 듣기	옷에 어울리는 구두 추천하기 표현 상대방의 추천에 대해 우회적으로 거절하기	–아/어서 그런지 ㄹ 불규칙 어휘 가구 가전제품	휴대 전화 교환에 대한 대화 듣기

내 용			
	Part 3	Culture & Literature	
말해 봅시다	읽고 써 봅시다	문화 알아보기	문학 맛보기
동아리에 대한 정보 묻기 표현 동아리에 대한 기본 정보 묻기 환영 표현하기	반 친구 소개하는 글 읽고 쓰기 낭독 끊어 읽기	나이를 묻는 이유	나비 (시)
쓰레기 버리는 방법에 대해 알려 주기 표현 방문한 이유 말하기 쓰레기를 버리는 방법 말하기	이메일 읽고 답장 쓰기 낭독 있어서 [이써서]	독특한 호칭 '언니', '오빠'	어머니 (시)
요리법 알려 주기 표현 음식 만드는 방법 묻기	요리법에 대한 글 읽고 쓰기 낭독 3큰술 [세큰술]	명절과 음식	냉면 (노래)
여행 계획 세우기 표현 여행 일정 묻고 답하기	기행문 읽고 쓰기 낭독 숙소 [숙쏘]	한국의 숙박 문화	선물 (시)
한국 생활에 대해 조언하기 표현 어떤 일에 대해 아는 정도 표현하기	경험담 읽고 쓰기 낭독 국물 [궁물]	한국 대학생들이 선호하는 직업	너를 기다리는 동안 (시)
다이어트 방법 조언하기 표현 다이어트 방법에 대해 조언하기	신문기사 읽고 건강 수칙 쓰기 낭독 굳이 [구지]	인삼, 꿀, 보약	토끼와 거북이 (전래동화)
가구 광고를 보고 정보 묻기 표현 가구의 크기 묻고 답하기 가구의 재질 묻고 답하기	제품 사용 후기 읽고 쓰기 낭독 구입한 [구이판]	재래시장	우산 장수와 짚신 장수 (전래동화)

教材構成表

单元	主題	内容				
		Part 1			Part 2	
		文法と語彙	聞く	話す	文法と語彙	聞く
1	初対面	(이)라고 하다 (으)ㄴ 지 -(으)ㄴ/는/(으)ㄹ 게 아니라	隣人と挨拶を交わす対話を聞く	クラスメートと挨拶を交わす 表現 韓国に来た時期を尋ねて答える	에 대해(서) -(으)려고 語彙 サークル サークル活動	歓迎の挨拶を聞く
2	韓国での生活	-지만 에 비해(서) -아/어 드릴까요	先生に相談する対話を聞く	やりたいことについての情報を教える 表現 韓国での生活についてアドバイスする	-(으)ㄹ 때 -았/었을 때 語彙 様々な施設	大衆交通利用についての対話を聞く
3	食べ物と生活	-(으)시겠습니까 때문에 -기 때문에	電話で出前をとる対話を聞く	食堂で食べ物を注文する 表現 食べ物を注文する	(이)나 ㅅ 불규칙 語彙 調理方法	料理番組を聞く
4	旅行	-는 중 -기로 하다 -나요	夏期休暇についての対話を聞く	遊びに行く場所についての情報を与える 表現 遊びに行く場所についての情報を尋ねて答える	-(으)ㄹ래요 -겠- 語彙 旅行先で	観光パッケージツアーを紹介する対話を聞く
5	経験	-(는)군요 -(으)ㄴ 적이 있다 語彙 会社の種類 面接試験	会社で面接する対話を聞く	アルバイトの経験を話す 表現 アルバイトの経験を尋ねて答える	-는 동안 -거든요 -(으)니까	食堂に行った経験についての対話を聞く
6	健康	-도록 -(으)려면 語彙 病気 症状	電話で診療の予約をする	病院で症状を話す 表現 患者の症状を尋ねる 薬の飲み方を尋ねて答える	-기 위해(서) -거나 -아/어서	インフルエンザ予防のための放送を聞く
7	ショッピング	-(으)ㄹ까요 -(으)ㄴ/는/(으)ㄹ 것 같다 -(으)ㄴ 덕분에	入学祝いのプレゼントについての対話を聞く	服に合った靴を 勧める 表現 相手の推薦を遠回しに断る	-아/어서 그런지 르 불규칙 語彙 家具 家電製品	携帯電話の交換についての対話を聞く

内容			
	Part 3	Culture & Literature	
話す	読んで書く	文化	文学
サークルについての情報を尋ねる 表現 サークルについての基本的な情報を尋ねる 歓迎の気持を表現する	クラスメートを紹介する文章を読んで書く 朗読 区切って読む	年齢を尋ねる理由	나비 (詩)
ごみの捨て方を教える 表現 訪問した理由を話す ごみの捨て方を話す	Eメールを読んで返事を書く 朗読 있어서 [이써서]	独特な呼称 'オンニ'、'オッパ'	어머니 (詩)
調理方法を教える 表現 料理の作り方を尋ねる	調理方法についての文を読んで書く 朗読 3큰술 [세큰술]	名節と食べ物	냉면 (歌)
旅行の計画を立てる 表現 旅行日程を尋ねて答える	紀行文を読んで書く 朗読 숙소 [숙쏘]	韓国の宿泊文化	선물 (詩)
韓国での生活についてアドバイスする 表現 あることについてどの程度知っているか表現する	経験談を読んで書く 朗読 국물 [궁물]	韓国の大学生が好む職業	너를 기다리는 동안 (詩)
ダイエットの方法をアドバイスする 表現 ダイエットの方法についてアドバイスする	新聞記事を読んで健康の心得を書く 朗読 굳이 [구지]	朝鮮人参、蜂蜜、補薬	토끼와 거북이 (伝承童話)
家具の広告を見て情報を尋ねる 表現 家具の大きさを尋ねて答える 家具の材質を尋ねて答える	製品使用後の感想を読んで書く 朗読 구입한 [구이판]	在来市場	우산 장수와 짚신 장수 (伝承童話)

교재 구성과 사용법 教材の構成と使用法

- 『이화 한국어 2-1』은 1~7과, 『이화 한국어 2-2』는 8~15과로 이루어져 있습니다.
  <梨花韓国語2-1>は1課~7課、<梨花韓国語2-2>は8課~15課から成っています。

- 각 단원은 Part 1, 2, 3과 'Culture & Literature'로 구성되어 있습니다. Part 1, 2, 3은 문법, 말하기, 듣기, 읽기, 쓰기를 학습하는 부분이며, 'Culture & Literature'는 한국의 문화를 알아보고 문학 작품을 접해 보는 부분입니다.
  各単元はPart 1、2、3とCulture & Literatureで構成されています。Part 1、2、3は文法、話す、聞く、読む、書くを学習する部分で、Culture & Literatureは韓国の文化を探り文学作品に接してみる部分です。

단원 구성 単元の構成

단원 표지 単元の表紙

사진 자료로 단원의 내용을 알 수 있도록 보여 줍니다.
写真の資料で単元の内容をわかりやすく示しています。

단원의 학습 내용과 목표를 알려 줍니다.
単元の学習内容と目標を示しています。

Part1 Part2

준비합시다와 들어 봅시다, 말해 봅시다로 구성되어 있습니다. 준비합시다에서 2~3개의 문법과 어휘들을 학습하고, 들어 봅시다와 말해 봅시다에서 실제적인 듣기, 말하기 과제를 연습해 봅니다.

準備しよう(준비합시다)と聞いてみよう(들어 봅시다)、話してみよう(말해 봅시다)で構成されています。準備しようでは2~3の文法と語彙を学習し、聞いてみようと話してみようでは実際に聞く、話す課題(Task)を練習してみます。

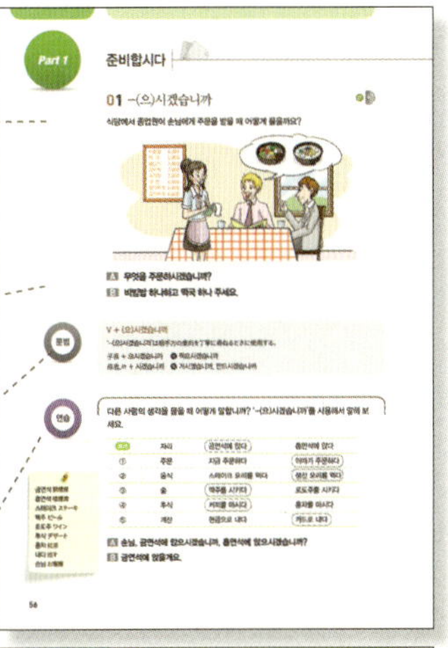
Part 1
준비합시다
01 -(으)시겠습니까

문법을 학습하기 전에 학생이 문법의 쓰임과 의미에 대해 생각해 볼 수 있도록 간단한 질문을 제시했습니다.

文法は学習する前に、学習者が文法の使い方と意味について考えることができるように、簡単な質問を提示しました。

상황이 있는 그림과 예문으로 문법이 언제, 어떻게 사용되는지를 알려 줍니다.

状況が描かれている絵と例文で、文法がいつ、どのように使われているかを示しています。

문법의 의미(쓰임)를 명확하게 알 수 있도록 설명을 제시했으며, 형태 정보를 도식화하여 간략하게 보여 주고 예를 제시했습니다.(N=명사, A=형용사, V=동사)

文法の意味(使われ方)がはっきり分かるように説明し、形態の情報を図式化して簡略に示し、例を提示しました。(N=名詞, A=形容詞, V=動詞)

문법 연습을 말하기 활동으로 제시했습니다. 연습 방법을 알 수 있도록 지시문과 〈보기〉를 제시했습니다.

文法練習を話す活動によって提示しました。練習の方法がわかるように指示文と<例>を提示しました。

요리법

단원 주제와 관련된 어휘들을 그림이나 사진과 함께 제시했습니다.

単元の主題と関連した語彙を、絵や写真と共に提示しました。

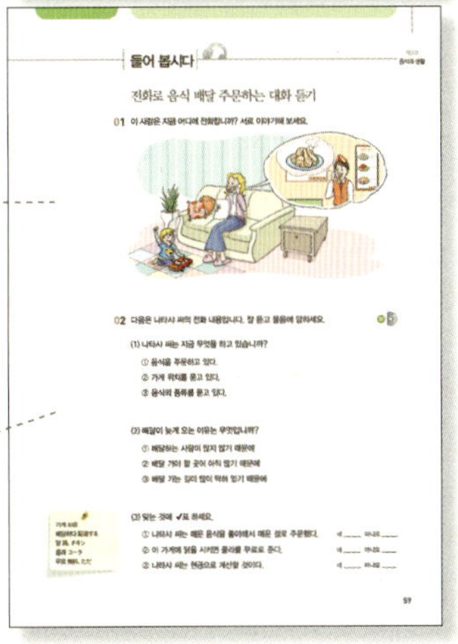
들어 봅시다
전화로 음식 배달 주문하는 대화 듣기

듣기 전 단계에서 활용하는 상황 그림과 질문입니다. 들을 내용을 예측하고, 어휘나 표현을 확인하는 데 도움이 됩니다.

聞く前段階で活用する状況説明の絵と質問です。聞く内容を予測し、語彙や表現を確認する上で役立ちます。

듣기 단계에서 활용할 이해 확인 문제입니다. 무엇에 중점을 두고 들어야 하는지를 안내해 줍니다.

聞く段階で活用する、理解を確認する問題です。何に重点をおいて聞かなければならないか、案内してくれます。

말하기 과제의 내용, 상황, 대화자의 역할을 그림과 설명으로 제시했습니다.

話す課題の内容、状況、対話者の役割を絵と説明で提示しました。

모범 대화문을 학습하기 전에 주어진 역할에 맞게 대화를 만들어 보는 연습입니다. 말풍선에 제시된 핵심어를 보면서 두 사람이 대화를 만들어 봅니다. Try it은 암기에 의존하지 않고 스스로 대화를 주도하면서 구성하는 능력을 길러 줍니다.

模範対話文を学習する前に、与えられた役割に合わせて対話を作ってみる練習です。吹き出しに提示されたキーワードを見ながら、2人の対話を作ってみましょう。Try itは暗記に依存せず、自ら対話を主導しながら構成する能力を育ててくれます。

대화의 흐름과 주요 내용을 알려 주는 것으로 담화에 대한 이해력, 구성 능력을 길러 줍니다.

対話の流れと主な内容を伝えるもので、談話についての理解力、構成能力を育ててくれます。

Part 2 말해 봅시다

요리법 알려 주기

내일 친구들이 우리 집에 놀러 옵니다. 그 친구들을 위해 김치전을 만들어 주려고 합니다. 한국 친구에게 김치전 만드는 방법을 물어보세요.

Try it! 말풍선을 따라 대화를 구성해 보세요.

	나타샤 은경에게 전화해서 김치전 만드는 방법을 물어보세요.	은경 나타샤가 전화로 김치전 만드는 방법을 물어봅니다. 방법을 알려 주세요.
1. 인사하기	여보세요, 은경 씨?	저 나타샤 씨?
2. 음식 만드는 방법 묻기	혹시 김치전 만드는 방법 | 알다?	알다 그런데 왜?
3. 음식 만드는 방법 알려 주기 ①	내일 친구들 | 우리 집 | 오다 그때 김치전 | 해 주다	어렵다 × 먼저 밀가루 | 물 | 붓다 | 잘 젓다
4. 음식 만드는 방법 알려 주기 ②	그 다음?	김치 | 작게 썰다 + 그 김치 | 반죽 | 넣다 + 섞다 골고루 섞다 | 프라이팬 | 기름 | 두르다 + 부치다
5. 더 넣으면 좋은 것 알려 주기	더 넣을 건 없다?	김치 | 같이 오징어 | 넣다 + 더 맛있다
6. 감사 인사하기	고맙다 한번 만들어 보다	

66

모범 대화문입니다.

模範対話文です。

말하기 과제 수행에 필요한 기능 표현입니다. 살아 있는 표현들이므로 실생활에서 유용하게 사용할 수 있습니다.

話す課題をする上で必要な機能表現です。生きた表現なので実生活で有用に使うことができます。

교실에서 사용할 수 있는 확장 연습을 제시했습니다. 상황에 맞게 변형하여 활용할 수 있습니다.

教室で使用できる応用練習を提示しました。状況に合わせ活用することができます。

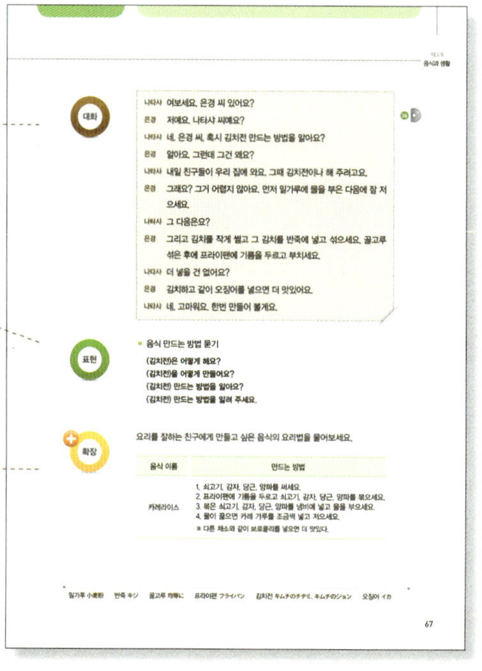

대화

나타샤 여보세요, 은경 씨 있어요?
은경 저예요. 나타샤 씨예요?
나타샤 네. 은경 씨, 혹시 김치전 만드는 방법을 알아요?
은경 알아요. 그런데 그건 왜요?
나타샤 내일 친구들이 우리 집에 와요. 그때 김치전이나 해 주려고요.
은경 그래요? 그거 어렵지 않아요. 먼저 밀가루에 물을 부은 다음에 잘 저으세요.
나타샤 그 다음은요?
은경 그리고 김치를 작게 썰고 그 김치를 반죽에 넣고 섞으세요. 골고루 섞은 후에 프라이팬에 기름을 두르고 부치세요.
나타샤 더 넣을 건 없어요?
은경 김치하고 같이 오징어를 넣으면 더 맛있어요.
나타샤 네, 고마워요. 한번 만들어 볼게요.

표현

- 음식 만드는 방법 묻기

(김치전)은 어떻게 해요?
(김치전)을 어떻게 만들어요?
(김치전) 만드는 방법을 알아요?
(김치전) 만드는 방법을 알려 주세요.

확장

요리를 잘하는 친구에게 만들고 싶은 음식의 요리법을 물어보세요.

음식 이름	만드는 방법
카레라이스	1. 쇠고기, 감자, 당근, 양파를 써세요. 2. 프라이팬에 기름을 두르고 쇠고기, 감자, 당근, 양파를 볶으세요. 3. 볶은 쇠고기, 감자, 당근, 양파를 냄비에 넣고 물을 부으세요. 4. 물이 끓으면 카레 가루를 조금씩 넣고 저으세요. ※ 다른 채소와 같이 브로콜리를 넣으면 더 맛있다.

밀가루 小麦粉 반죽 キジ 골고루 均等に 프라이팬 フライパン 김치전 キムチのチヂミ、キムチのジョン 오징어 イカ

67

Part3

읽고 써 봅시다로 구성되어 있습니다.

読んで書いてみよう(읽고 써 봅시다)で構成されています。

읽기 전 단계에서 활용하는 활동입니다. 주제와 관련된 정보를 얻고, 어휘나 표현을 확인하는 데 도움이 됩니다.
読む前段階で活用する活動です。主題と関連した情報を得て、語彙や表現を確認するのに役立ちます。

다양한 유형의 글을 읽기 자료로 제시했습니다.
様々な類型の文を読みの資料として提示しました。

읽기 단계에서 활용할 이해 확인 문제입니다.
読む段階で活用する、理解を確認する文章です。

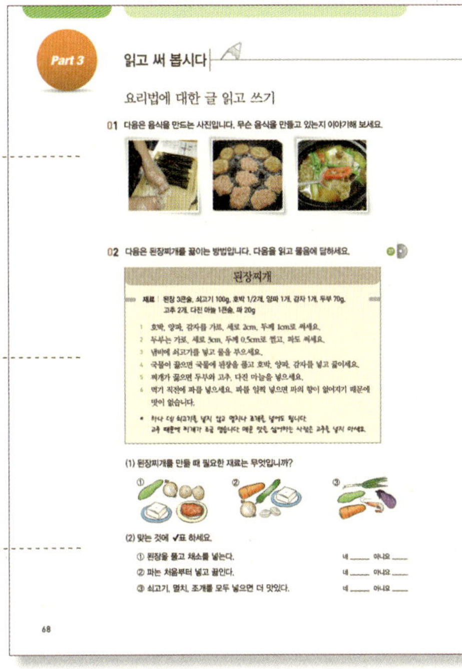

읽기 학습을 쓰기로 연결한 활동입니다. 읽은 글과 유사한 종류의 글을 써 보는 연습입니다.
読む学習を書く学習に繋げる活動です。読んだ文と類似した文を書いてみる練習です。

발음 현상에 주의하면서 낭독하는 연습 활동입니다.
発音に注意して朗読の練習する活動です。

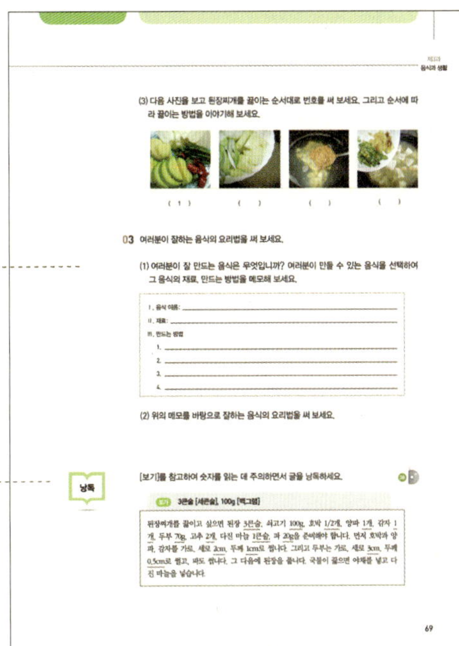

문화 알아보기와 문학 맛보기로 구성되어 있습니다.

文化を探る(문화 알아보기)と文学を味わう(문학 맛보기)によって構成されています。

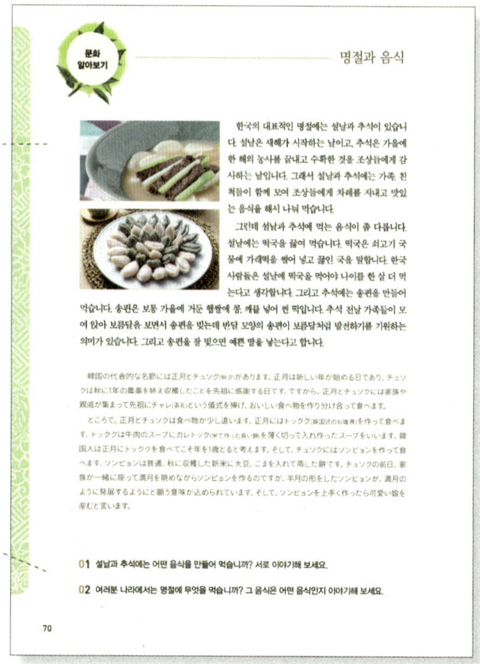

문화 알아보기 명절과 음식

한국의 대표적인 명절에는 설날과 추석이 있습니다. 설날은 새해가 시작하는 날이고, 추석은 가을에 한 해의 농사를 끝내고 수확한 것을 조상들에게 감사하는 날입니다. 그래서 설날과 추석에는 가족, 친척들이 함께 모여 조상들에게 차례를 지내고 맛있는 음식을 해서 나눠 먹습니다.

그런데 설날과 추석에 먹는 음식이 좀 다릅니다. 설날에는 떡국을 끓여 먹습니다. 떡국은 쇠고기 국물에 가래떡을 썰어 넣고 끓인 국을 말합니다. 한국 사람들은 설날에 떡국을 먹어야 나이를 한 살 더 먹는다고 생각합니다. 그리고 추석에는 송편을 만들어 먹습니다. 송편은 보통 가을에 거둔 햅쌀에 콩, 깨를 넣어 찐 떡입니다. 추석 전날 가족들이 모여 앉아 보름달을 보면서 송편을 빚는데 반달 모양의 송편이 보름달처럼 발전하기를 기원하는 의미가 있습니다. 그리고 송편을 잘 빚으면 예쁜 딸을 낳는다고 합니다.

韓国の代表的な名節には正月とチュソク(秋夕)があります。正月は新しい年が始める日であり、チュソクは秋に1年の農事を終え収穫したことを先祖に感謝する日です。ですから、正月とチュソクには家族や親戚が集まって先祖にチャレ(茶礼)という儀式を捧げ、おいしい食べ物を作り分け合って食べます。

ところで、正月とチュソクは食べ物が少し違います。正月にはトックク(韓国式のお雑煮)を作って食べます。トッククは牛肉のスープにカレトック(米で作った長い餅)を薄く切って入れ作ったスープをいいます。韓国人は正月にトッククを食べてこそ年を1歳とると考えます。そして、チュソクにはソンピョンを作って食べます。ソンピョンは普通、秋に収穫した新米に大豆、ごまを入れて蒸した餅です。チュソクの前日、家族が一緒に座って満月を眺めながらソンピョンを作るのですが、半月の形をしたソンピョンが、満月のように発展するようにと願う意味が込められています。そして、ソンピョンを上手く作ったら可愛い娘を産むと言います。

01 설날과 추석에는 어떤 음식을 만들어 먹습니까? 서로 이야기해 보세요.

02 여러분 나라에서는 명절에 무엇을 먹습니까? 그 음식은 어떤 음식인지 이야기해 보세요.

70

단원 주제와 관련된 문화 내용을 한국어와 외국어로 제시했으며, 사진이나 삽화를 함께 제시했습니다.

単元の主題と関連した文化の内容を、韓国語と外国語で提示し、写真や挿絵と共に提示しました。

한국 문화에 대한 이해를 확인하는 질문과 문화상호주의적인 관점에서 자기 나라의 문화와 비교하여 생각해 보는 활동을 제시했습니다.

韓国文化についての理解を確認する質問と、文化相互主義的な観点から、自国の文化と比較して考えてみる活動を提示しました。

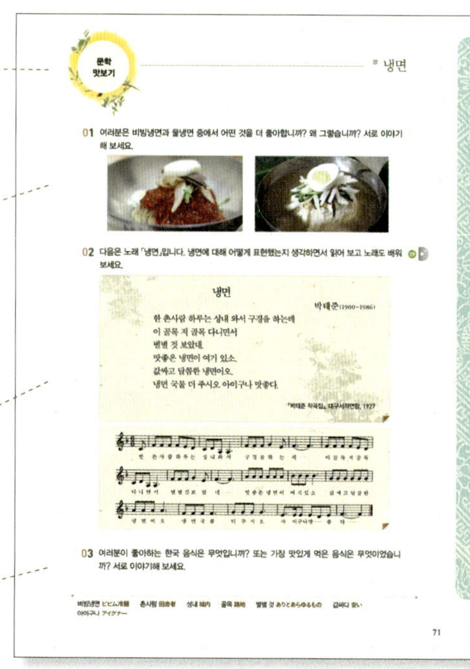

문학 맛보기 냉면

01 여러분은 비빔냉면과 물냉면 중에서 어떤 것을 더 좋아합니까? 왜 그렇습니까? 서로 이야기해 보세요.

02 다음은 노래 「냉면」입니다. 냉면에 대해 어떻게 표현했는지 생각하면서 읽어 보고 노래도 배워 보세요.

냉면

박태준(1900~1986)

한 촌사람 하루는 성내 와서 구경을 하는데
이 골목 저 골목 다니면서
별별 것 보았네.
맛좋은 냉면이 여기 있소.
값싸고 달콤한 냉면이오.
냉면 국물 더 주시오 아이구나 맛좋다.

「박태준 작곡집」, 대구서적연합, 1927

03 여러분이 좋아하는 한국 음식은 무엇입니까? 또는 가장 맛있게 먹은 음식은 무엇이었습니까? 서로 이야기해 보세요.

비빔냉면 ビビム冷麺 촌사람 田舎者 성내 城内 골목 路地 별별 것 ありとあらゆるもの 값싸다 安い
아이구나 アイグナー

71

한국 문학을 접해 보고 감상해 보는 부분입니다. 단원 주제와 연관된 내용, 단원의 문법이 활용된 작품 중에서 초급에 적절한 것을 수록했습니다.

韓国文学に接して鑑賞してみる部分です。単元の主題と関連した内容、単元の文法が活用されている作品の中から、初級に適切なものを収録しました。

문학 작품을 감상하기 전에 그림이나 사진을 보고 이야기하면서 흥미를 갖도록 하는 부분입니다.

文学作品を鑑賞する前に、絵や写真を見て話すことによって興味を持たせる部分です。

CD에 녹음된 내용을 들으면서 문학 작품을 감상해 보는 것입니다. 문학 작품의 전문 또는 일부를 수록했습니다.

CDに録音された内容を聞きながら文学作品を鑑賞してみるものです。文学作品の全文、あるいは一部を収録しました。

자신의 생각이나 느낌을 표현해 보는 활동입니다.

自分の考えや印象を表現してみる活動です。

주요 인물 主な人物

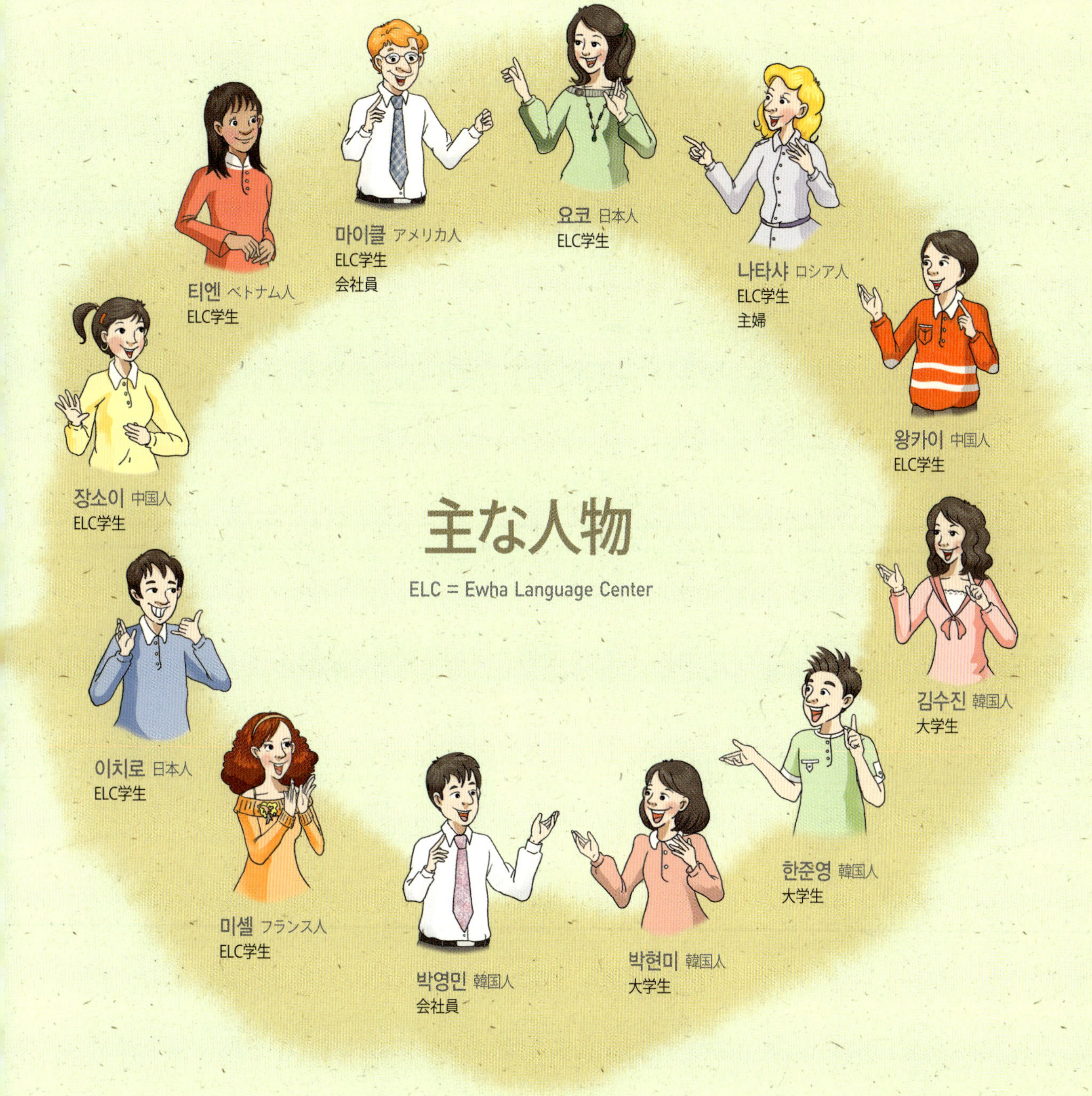
마이클 アメリカ人
ELC学生
会社員
요코 日本人
ELC学生
티엔 ベトナム人
ELC学生
나타샤 ロシア人
ELC学生
主婦
장소이 中国人
ELC学生
왕카이 中国人
ELC学生
主な人物
ELC = Ewha Language Center
김수진 韓国人
大学生
이치로 日本人
ELC学生
미셸 フランス人
ELC学生
박영민 韓国人
会社員
박현미 韓国人
大学生
한준영 韓国人
大学生

제1과

첫 만남

初対面

제 1 과 첫 만남 初対面

Part 1

준비합시다 — 1 (이)라고 하다　2 -(으)ㄴ 지

3 -(으)ㄴ/는/(으)ㄹ 게 아니라

들어 봅시다 — 이웃과 인사 나누는 대화 듣기

隣人と挨拶を交わす対話を聞く

말해 봅시다 — 반 친구와 인사 나누기

クラスメートと挨拶を交わす

Part 2

준비합시다 — 1 에 대해(서)　2 -(으)려고

들어 봅시다 — 환영 인사말 듣기

歓迎の挨拶を聞く

말해 봅시다 — 동아리에 대한 정보 묻기

サークルについての情報を尋ねる

Part 3

읽고 써 봅시다 — 반 친구 소개하는 글 읽고 쓰기

クラスメートを紹介する文章を読んで書く

CULTURE & LITERATURE

문화 알아보기 — 나이를 묻는 이유 年齢を尋ねる理由

문학 맛보기 — 시 詩「나비」

Part 1

준비합시다

01 (이)라고 하다

사람들과 처음 만났을 때 자신의 이름을 어떻게 말하면 좋을까요?

처음 뵙겠습니다.
저는 마이클이라고 합니다.

안녕하세요?
저는 나타샤라고 합니다.

문법

N + (이)라고 하다

'(이)라고 하다'は自分の名前を紹介するときに使用する。

子音 + 이라고 하다 예 수잔이라고 하다
母音 + 라고 하다 예 리하오라고 하다

연습

친구들과 처음 만났을 때 어떻게 자신을 소개할까요? '(이)라고 하다'를 사용해서 말해 보세요.

보기

티엔, 베트남

①

장소이, 중국

②

이치로, 일본

③

얀, 네덜란드

④

미셸, 프랑스

⑤

모하메드, 이집트

A 처음 뵙겠습니다. 저는 베트남에서 온 티엔이라고 합니다.
B 만나서 반갑습니다. 저는 율리아입니다.

· 베트남 ベトナム
· 네덜란드 オランダ
· 이집트 エジプト

02 -(으)ㄴ 지

여러분은 언제 한국에 왔습니까? 한국에 와 있는 기간을 말하려고 할 때 어떻게 말하면 좋을까요?

A 마이클 씨는 언제 한국에 왔어요?

B 작년에 왔어요. 한국에 온 지 1년이 됐어요.

문법

V + -(으)ㄴ 지

'-(으)ㄴ 지'はある出来事に対する時間の経過を表すときに使用する。

子音 + 은 지　　예 먹은 지
母音, ㄹ + ㄴ 지　　예 온 지, 만든 지

연습

다음 일을 한 기간을 알고 싶습니다. '-(으)ㄴ 지'를 사용해서 말해 보세요.

	이름	시기	한 일
보기	나타샤	5년 전	결혼하다
①	미셸	1년 전	휴대 전화를 사다
②	마이클	3개월 전	친구에게 편지를 보내다
③	티엔	네 시간 전	점심을 먹다
④	이치로	일주일 전	이 소식을 듣다
⑤	장소이	5개월 전	하숙집에서 살다

A 나타샤 씨는 결혼한 지 얼마나 됐어요?

B 5년이 됐어요.

· 되다 なる
· 개월 カ月
· 소식 消息

Part 1

03 -(으)ㄴ/는/(으)ㄹ 게 아니라

3

다른 사람이 잘못 알고 있는 것을 맞게 고쳐서 말해 줄 때 어떻게 말하면 좋을까요?

A 그 잡지를 샀어요?

B 아니요. 산 게 아니라 친구한테서 빌린 거예요.

문법

A + (으)ㄴ 게 아니라, V + (으)ㄴ/는/(으)ㄹ 게 아니라, N + 이/가 아니라

'-(으)ㄴ/는/(으)ㄹ 게 아니라'は前の内容を否定して直して話すときに使用する。過去の場合は'-(으)ㄴ 게 아니라'、現在の場合は'-는 게 아니라'、未来の場合は'-(으)ㄹ 게 아니라'を使う。

A 子音 + 은 게 아니라 예 많은 게 아니라
母音, ㄹ + ㄴ 게 아니라 예 예쁜 게 아니라, 긴 게 아니라

V 子音 + 은/는/을 게 아니라 예 먹은/먹는/먹을 게 아니라
母音, ㄹ + ㄴ/는 /ㄹ 게 아니라 예 간/가는/갈 게 아니라, 만든/만드는/만들 게 아니라

N N + 이/가 아니라 예 오전이 아니라, 오후가 아니라

연습

잘못 알고 있는 사실을 맞게 고쳐 주려고 합니다. '-(으)ㄴ/는/(으)ㄹ 게 아니라'를 사용해서 말해 보세요.

보기 A: 이 그림은 파는 거예요?
B: (팔다, 전시하다)

① A: 수업이 끝났어요?
B: (끝났다, 잠깐 쉬다)

② A: 그 이야기를 누구한테서 들었어요?
B: (들었다, 텔레비전에서 봤다)

③ A: 이 꽃은 선물할 거예요?
B: (선물할 거다, 선물 받았다)

④ A: 옷이 크지 않아요?
B: (옷이 크다, 살이 빠졌다)

⑤ A: 티엔 씨는 중국 사람이에요?
B: (중국 사람, 베트남 사람)

A 이 그림은 파는 거예요?

B 파는 게 아니라 전시하는 거예요.

- 빌리다 借りる
- 전시하다 展示する
- 살이 빠지다 痩せる

들어 봅시다

이웃과 인사 나누는 대화 듣기

01 두 사람은 지금 처음 만났습니다. 무슨 이야기를 하고 있을까요? 서로 이야기해 보세요.

02 다음은 소피 씨와 이은주 씨의 대화입니다. 잘 듣고 물음에 답하세요. 4

(1) 소피 씨와 이은주 씨는 어떤 사이입니까?

① 친구

② 이웃

③ 회사 동료

(2) 소피 씨는 어느 나라 사람입니까?

____

(3) 맞는 것에 ✔표 하세요.

① 소피 씨와 이은주 씨는 오늘 처음 만났다. 네 _____ 아니요 _____

② 소피 씨는 두 달 전에 한국에 왔다. 네 _____ 아니요 _____

③ 소피 씨는 한국말을 거의 못한다. 네 _____ 아니요 _____

- 이웃 隣、隣人、近所(の人)
- 동료 同僚
- 이사 오다 引っ越してくる

Part 1

말해 봅시다

반 친구와 인사 나누기

두 사람은 인사를 나누고 있습니다. 어느 나라 사람입니까? 한국에 언제, 왜 왔습니까?

Try it!

말풍선을 따라 대화를 구성해 보세요.

	장소이 처음 만난 친구와 인사를 나누고 한국에 온 시기, 목적을 물어보세요.	**마이클** 처음 만난 친구에게 한국에 온 시기, 한국에 온 목적에 대해 답하세요.
1. 이름 소개하기	인사 이름 중국에서 왔다	인사 **이름**
2. 한국에 온 시기 묻고 답하기	언제 한국에 왔다?	한국에 **오다** + 1년이 됐다 장소이 씨?
3. 한국에 온 목적 묻고 답하기	5개월 전에 왔다 한국어를 공부하다 I 왔다 마이클 씨도?	× **유학 오다**×, 일하러 왔다 ○ 무역 회사 I 다니다
4. 인사하기	만나서 반갑다	앞으로 잘 부탁

대화

장소이	안녕하세요? 저는 장소이예요. 중국에서 왔어요.
마이클	안녕하세요? 처음 뵙겠습니다. 저는 미국에서 온 마이클이라고 합니다.
장소이	마이클 씨는 언제 한국에 오셨어요?
마이클	한국에 온 지 1년이 됐어요. 장소이 씨는요?
장소이	저는 5개월 전에 왔어요. 한국어를 공부하러 왔어요. 마이클 씨도 한국어를 공부하러 왔어요?
마이클	아니요. 저는 유학 온 게 아니라 일하러 왔어요. 무역 회사에 다녀요.
장소이	그러세요? 만나서 반갑습니다.
마이클	저도요. 앞으로 잘 부탁드립니다.

5

표현

- 한국에 온 시기 묻고 답하기

A: 언제 한국에 왔어요?
한국에 온 지 얼마나 됐어요?

B: 3년 전에 왔어요.
한국에 온 지 1년이 됐어요.
한국에 온 지 1년이 넘었어요.
한국에 온 지 1년이 지났어요.
한국에 온 지 1년이 다 돼 가요.

확장

처음 만난 친구에게 국적, 한국에 온 시기, 한국에 온 목적에 대해서 묻고 서로 인사를 나누어 보세요.

친구 이름	국적	한국에 온 시기	한국에 온 목적
프랑크	프랑스	3개월 전	한국어 공부
흐엉	베트남	6개월 전	대학교 입학

· 유학 오다 **留学に来る** · 무역 회사 **貿易会社**

Part 2 준비합시다

01 에 대해(서)

6

한국어를 공부하러 온 이유를 설명할 때 어떻게 말하면 좋을까요?

A 마이클 씨는 무슨 일로 한국에 왔어요?

B 저는 한국 문화에 대해서 관심이 많아요. 그래서 공부하러 왔어요.

문법

N + 에 대해(서)

'에 대해(서)'は前にくる名詞が後にくる内容の対象であることを表すときに使用する。主に'알다、모르다、말하다、설명하다'などの動詞と共に使う。'N에 관해(서)'と置き換えることもできる。

친구 + 에 대해서 → 친구에 대해서　　한국 + 에 대해서 → 한국에 대해서

Tip N + 에 대한 + N: '에 대한'の後には名詞が来る。後に来る名詞は主に '글、기사、책、소문、이야기' などだ。 예 한국 문화에 대한 책, 식사 예절에 대한 글

연습

다음 사람들은 한국의 무엇에 대해서 관심이 있는지 '에 대해(서)'를 사용해서 말해 보세요.

	이름	관심 있는 것	전에 들은 것
보기	이치로	명절	설날, 추석
①	장소이	가수	비, 보아
②	미셸	음식	잡채, 비빔밥
③	나타샤	도시	경주, 부산
④	티엔	전통 춤	탈춤, 부채춤
⑤	마이클	전통 놀이	윷놀이, 연날리기

A 이치로 씨는 한국의 명절에 대해서 알아요?

B 네. 한국의 명절에는 설날과 추석이 있어요.

- 관심 関心
- 명절 名節
- 설날 正月
- 추석 秋夕
- 탈춤 仮面劇
- 부채춤 扇の舞
- 전통 놀이 伝統的な遊び
- 윷놀이 ユンノリ
- 연날리기 凧あげ

02 -(으)려고

친구에게 한국어를 배우는 목적을 물어보고 싶을 때 어떻게 말하면 좋을까요?

A 장소이 씨는 한국어를 공부하는 특별한 이유가 있어요?

B 네. 내년에 대학교에 들어가려고 공부하고 있어요.

문법

V + (으)려고

'-(으)려고'はある行為をする意図や目的があることを表すときに使用する。

子音 + 으려고 예 먹으려고

母音, ㄹ + 려고 예 가려고, 만들려고

연습

다음 사람들이 무엇을 하려고 합니까? '-(으)려고'를 사용해서 말해 보세요.

	이름	목적	행동
보기	마이클	공항에 가다	공항버스를 기다리다
①	나타샤	동아리에 가입하다	가입 신청서를 쓰다
②	프랑크	친구와 영화를 보다	인터넷으로 표를 예매하다
③	장소이	저녁을 먹다	손을 씻다
④	이치로	보고서 자료를 찾다	도서관에 가다
⑤	율리아	케이크를 만들다	재료를 사다

A 마이클 씨, 지금 뭐 하고 있어요?

B 공항에 가려고 공항버스를 기다리고 있어요.

- 특별하다 特別だ
- 행동 行動
- 공항버스 空港バス
- 가입하다 加入する
- 가입 신청서 入会申込書
- 예매하다 前売券を買う
- 보고서 報告書、レポート
- 자료 資料
- 재료 材料

Part 2

들어 봅시다

환영 인사말 듣기

01 여기는 어디일까요? 여자는 무엇을 하고 있습니까? 서로 이야기해 보세요.

02 다음은 언어교육원 원장의 인사말입니다. 잘 듣고 물음에 답하세요. 8

(1) 원장은 무엇을 이야기하고 있습니까?

① 학생들이 이 학교에 온 것을 환영하는 말

② 한국어 공부를 열심히 할 것을 부탁하는 말

③ 수업 시간의 주의 사항에 대해서 알려 주는 말

(2) 이 학교에 대한 설명으로 맞는 것은 무엇입니까?

① 이 학교는 역사가 오래되었다.

② 이 학교에는 새로 오신 선생님들이 많다.

③ 이 학교에는 한국 문화를 경험할 수 있는 수업이 있다.

(3) 맞는 것에 ✔표 하세요.

① 문화 수업에서 다른 나라 친구들을 사귈 수 있다. 네 ____ 아니요 ____

② 동아리에 들어가면 취미 활동을 할 수 있다. 네 ____ 아니요 ____

- 언어교육원 言語教育院
- 원장 院長
- 인사말 挨拶の言葉
- 환영하다 歓迎する
- 주의 사항 注意事項
- 알려 주다 知らせる
- 역사 歴史
- 오래되다 古い
- 활동 活動

어휘

동아리

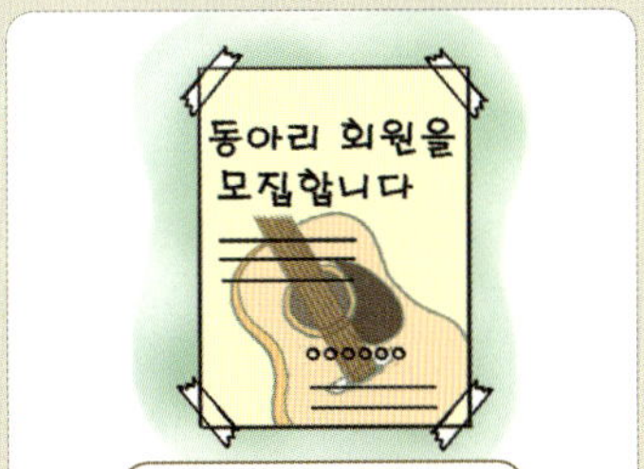

회원을 모집하다

가입 신청서를 쓰다

동아리에 가입하다

동아리에서 나오다

동아리 활동

연극 공연을 하다

운동 경기를 하다

전시회를 열다

토론회를 하다

Part 2

말해 봅시다

동아리에 대한 정보 묻기

여러분은 노래 동아리에 가입하려고 합니다. 포스터를 보고 노래 동아리에 찾아가서 동아리 선배에게 동아리의 모임 시간, 활동 내용, 가입 가능 여부에 대해 물어보세요.

Try it!

말풍선을 따라 대화를 구성해 보세요.

	장소이 노래 동아리의 모임 시간, 활동 내용, 가입에 대해서 물어보세요.	유리 노래 동아리 회장입니다. 장소이 씨가 묻는 동아리 활동에 대해서 답하세요.
1. 자기소개하고 방문 목적 말하기	자기소개 **노래 동아리** | 알고 싶어서 왔다	자기소개
2. 모임 시간 묻고 답하기	노래 동아리 | 일주일에 몇 번 모이다?	일주일에 한 번, 매주 수요일 시험 기간에는 모임이 없다
3. 활동 내용 묻고 답하기	주로 어떤 노래?	유행하는 노래를 배우다 이번 학기에 **공연하다** + 쉬운 가곡을 배우다
4. 동아리 가입에 대해 묻고 답하기	재미있겠다 지금 가입할 수 있다?	환영이다

대화

10

장소이 안녕하세요? 저는 장소이라고 합니다. 노래 동아리에 대해서 알고 싶어서 왔어요.

유리 그래요? 저는 동아리 회장, 유리예요. 반가워요.

장소이 반갑습니다. 그런데 노래 동아리는 일주일에 몇 번 모여요?

유리 우리 동아리는 보통 일주일에 한 번, 매주 수요일에 모여요. 그렇지만 시험 기간에는 모임이 없어요.

장소이 주로 어떤 노래를 배워요?

유리 요즘 유행하는 노래를 배워요. 그리고 이번 학기에 공연하려고 쉬운 가곡도 배우고 있어요.

장소이 그래요? 재미있겠어요. 지금 가입할 수 있어요?

유리 그럼요. 환영이에요.

표현

■ 동아리에 대한 기본 정보 묻기

회원이 몇 명쯤 돼요?
일주일에 몇 번 모여요?
동아리에서 주로 뭘 해요?
가입 기간이 어떻게 돼요?
모임에 뭘 가져가야 돼요?

■ 환영 표현하기

환영이에요.
가입을 환영해요.
우리 동아리 가입을 환영합니다.

확장

다음 동아리에서 회원을 모집하고 있습니다. 가입을 위해서 동아리의 모임 시간, 활동 내용을 구체적으로 물어보세요.

동아리	모임 시간	활동 내용
그림 동아리	매주 목요일 오후 2시	한 학기에 한 번 전시회
연극 동아리	매주 금요일 오후 3시	일 년에 한 번 공연

· 회장 会長 · 모이다 集まる · 매주 毎週 · 주로 主に · 유행하다 流行する · 가곡 歌曲

Part 3

읽고 써 봅시다

반 친구 소개하는 글 읽고 쓰기

01 이 남자는 어느 나라 사람일까요? 직업과 취미는 무엇일까요?

02 다음은 마이클 씨가 반 친구를 소개한 글입니다. 다음을 읽고 물음에 답하세요. 11

우리 반 친구들

저는 한국어 2급 수업을 듣고 있는 마이클이라고 합니다. 미국에서 왔습니다. 직업은 회사원이고 한국에 온 지 1년이 되었습니다. 지금부터 우리 반 친구들에 대해서 소개하려고 합니다.

우리 반 친구들은 중국, 일본, 러시아, 네덜란드, 베트남, 미국에서 왔습니다. 중국에서 온 장소이 씨는 한국 노래를 잘하고 춤도 잘 춥니다. 우리 반 가수입니다. 이치로 씨는 일본에서 왔습니다. NHK 기자입니다. 기타를 아주 잘 칩니다. 나타샤 씨는 러시아에서 온 주부입니다. 남편은 러시아 사람이 아니라 한국 사람입니다. 얀 씨는 네덜란드 사람입니다. 네덜란드의 대학교에서 아시아 역사를 공부하고 있습니다. 얀 씨는 키가 크고 잘생겨서 우리 반 여학생들에게 인기가 많습니다. 하이안 씨는 베트남에서 왔습니다. 학교 기숙사에서 삽니다. 그런데 멀리 사는 장소이 씨보다 지각을 많이 해서 지각 대장이라고 부릅니다.

우리 반 친구들은 공부도 열심히 하고 서로 잘 도와줍니다. 또 수업 후에는 식사도 같이 하고 숙제도 같이 합니다. 그래서 저는 우리 반 친구들이 좋습니다. 좋은 친구들이 있어서 학교생활도 즐겁습니다.

(1) 맞는 것에 ✓표 하세요.

① 이치로 씨는 우리 반 여학생들에게 인기가 많다. 네 ______ 아니요 ______

② 나타샤 씨의 남편은 한국 사람이다. 네 ______ 아니요 ______

③ 하이안 씨는 학교에 일찍 온다. 네 ______ 아니요 ______

(2) 얀 씨에 대한 설명으로 맞지 않는 것은 무엇입니까?

① 키가 크고 잘생겼다. ② 한국 음악을 좋아한다. ③ 아시아 역사를 공부한다.

- 러시아 ロシア
- NHK 日本放送協会
- 기자 記者
- 남편 旦那
- 아시아 アジア
- 인기 人気
- 멀리 遠く
- 지각 대장 遅刻の大将 (いつも遅刻する人)
- (호칭을) 부르다 呼ぶ

(3) 다음 그림을 보고 마이클 씨 반 친구들의 이름을 골라 쓰세요. 그리고 그 사람들에 대해서 이야기해 보세요.

마이클 · 장소이 · 이치로 · 나타샤 · 얀 · 하이안

03 우리 반 친구들을 소개하는 글을 써 보세요.

(1) 여러분은 반 친구들에 대해서 소개를 하려고 합니다. 이름, 국적, 특징 등 자신과 친구들을 소개할 내용을 메모해 보세요.

Ⅰ. 자기소개: ____________________

Ⅱ. 소개할 친구들: ____________________

Ⅲ. 친구들에 대한 생각: ____________________

(2) 위의 메모를 바탕으로 여러분의 반 친구들을 소개하는 글을 써 보세요.

낭독

[보기]를 참고하여 끊어 읽기에 주의하면서 글을 낭독하세요. 12

보기 **우리 반 친구들은 / 중국, 일본, 러시아, 네덜란드, 베트남, 미국에서 / 왔습니다.**

우리 반 친구들은/ 중국, 일본, 러시아, 네덜란드, 베트남, 미국에서/ 왔습니다. 중국에서 온 장소이 씨는/ 한국 노래를 잘하고/ 춤도 잘 춥니다. 우리 반 가수입니다. 이치로 씨는/ 일본에서 왔습니다. NHK 기자입니다. 기타를 아주 잘 칩니다. 나타샤 씨는/ 러시아에서 온/ 주부입니다. 남편은/ 러시아 사람이 아니라/ 한국 사람입니다. 얀 씨는/ 네덜란드 사람입니다. 네덜란드의 대학교에서/ 아시아 역사를 공부하고 있습니다. 얀 씨는/ 키가 크고 잘생겨서/ 우리 반 여학생들에게/ 인기가 많습니다.

문화 알아보기

나이를 묻는 이유

여러분은 처음 만난 한국 사람에게서 보통 어떤 질문을 받습니까? "이름이 어떻게 되세요?", "무슨 일을 하세요?"와 같은 질문을 많이 들었을 겁니다.

그런데 혹시 처음 만난 사람이 "나이가 어떻게 되세요?"라는 질문을 한 적이 있습니까? 처음 만난 사람에게서 이 질문을 들었다면 '한국 사람들은 이상한 질문을 한다.'라고 생각하면서 당황스러웠을 겁니다. 그런데 이 질문은 단순히 나이를 알고 싶어서 하는 질문이 아니라 나보다 나이가 많은 윗사람인지, 나이가 적은 아랫사람인지 알기 위해서 하는 질문입니다. 즉 윗사람이면 높임말을 써야 하기 때문에 상대방이 높임말을 써야 하는 사람인지 반말을 써도 되는 사람인지 알기 위해서 질문하는 것입니다. 여러분, 이제 한국 사람들이 왜 나이를 물어보는지 아셨지요?

皆さんは初めて会った韓国人から普通どんな質問をされますか。'お名前は何ですか'、'お仕事は何ですか'のような質問を多く受けたことでしょう。

ところが、もしかしたら初対面の人に '何歳ですか'という質問をされたことはありませんか。初対面の人にこの質問をされたとき、'韓国人は変な質問をするものだ'と思ってあわててしまうかもしれません。けれども、この質問は単純に年齢を知りたくてしたのではなく、私より年が多い(目上の)人なのか、年が少ない(目下の)人なのかを知るためなのです。すなわち、年が上なら尊敬語を使わなければならないから、相手が尊敬語を使わなければならない人なのかどうかを知るための質問なのです。皆さん、これで韓国人はなぜ年齢を尋ねるのかわかったでしょう。

01 한국 사람들은 처음 만난 사람에게 왜 나이를 물어봅니까?

02 여러분의 나라에서는 처음 만난 사람에게 보통 어떤 질문을 합니까? 여러분 나라에서만 특별히 하는 질문이 있습니까? 서로 이야기해 보세요.

문학
맛보기

詩 # 나비

01 다음 사진을 보면 무슨 계절이 생각납니까? 서로 이야기해 보세요.

02 다음은 시 「나비」입니다. 나비의 어떤 모습을 그린 것인지 감상하면서 낭송해 보세요. 13

나비

이준관(1949~)

들길 위에 혼자 앉은
민들레.
그 옆에 또 혼자 앉은
제비꽃.

그것은
디딤돌.

나비 혼자
딛
고
가
는
봄의
디딤돌.

『참 좋은 동시 60』, 문공사, 2001

03 여러분은 '봄' 하면 무엇이 생각납니까? 왜 그렇습니까? 서로 이야기해 보세요.

나비 蝶 들길 野道 혼자 一人で 민들레 タンポポ 제비꽃 スミレ 디딤돌 踏み石,飛び石 딛고 가다 踏み込んでいく

제2과

한국 생활

韓国での生活

제 2 과 한국 생활 韓国での生活

Part 1

준비합시다

01 –지만

서로 대조되거나 반대되는 내용을 말할 때 어떻게 말할까요?

A 남대문 시장에 가 봤지요? 어때요?

B 사람이 많아서 복잡하지만 재미있어요.

문법

A/V + 지만

'–지만'は前後の文章が、逆接する内容であることを話すときに使用する。

피곤하 + 지만 → 피곤하지만　　먹 + 지만 → 먹지만
피곤했 + 지만 → 피곤했지만　　먹었 + 지만 → 먹었지만

연습

서로 반대되는 특징을 같이 이야기하려고 합니다. '–지만'을 사용해서 말해 보세요.

		장점	단점
보기	한국어 수업	재미있다	조금 어렵다
①	한복	예쁘다	불편하다
②	KTX	빠르다	요금이 비싸다
③	학생 식당 음식	싸고 맛있다	종류가 다양하지 않다
④	학교 앞 하숙집	아주머니가 친절하다	방이 좁다
⑤	어제 구경한 가방	디자인이 멋있었다	색깔이 마음에 들지 않았다

A 한국어 수업은 어때요?

B 재미있지만 조금 어려워요.

- 복잡하다 複雑だ
- 불편하다 不便だ
- KTX 韓国高速鉄道
- 빠르다 速い
- 요금 料金
- 종류 種類
- 다양하다 多様だ、様々だ
- 좁다 狭い
- 디자인 デザイン
- 색깔 色
- 마음에 들다 気にいる

02 에 비해(서)

15

러시아의 겨울 날씨를 한국의 날씨와 비교해서 말할 때 어떻게 표현할까요?

A 나타샤 씨, 러시아의 겨울은 한국보다 춥지요?

B 네. 한국에 비해서 훨씬 추워요.

문법

N + 에 비해(서)

'에 비해(서)'は前にくる名詞が比較の対象になり、後ろにくる内容の結果となるときに使用する。

크기 + 에 비해(서) → 크기에 비해(서)　　한국 + 에 비해(서) → 한국에 비해(서)

연습

어떤 기준을 중심으로 비교해서 말하려고 합니다. '에 비해(서)'를 사용해서 말해 보세요.

	비교할 것	비교 내용
보기	시험 성적	공부한 것 / 잘 나왔다
①	올해 여름 날씨	작년 여름 / 덥다
②	새로 산 MP3 가격	성능 / 싸다
③	한준영 씨의 아들 키	나이 / 크다
④	이번 달 환율	지난 달 / 올랐다
⑤	어제 본 영화	원작 / 재미있었다

A 시험 성적은 잘 나왔어요?

B 네. 공부한 것에 비해서 성적이 잘 나왔어요.

- 훨씬 ずっと
- 성적 成績
- 잘 나오다 よい結果が出た
- 가격 価格、値段
- 성능 性能
- 환율 為替レート
- 올랐다 上がった
- 원작 原作

Part 1

03 –아/어 드릴까요

다른 사람을 위해서 무엇을 해 주려고 할 때 어떻게 말할까요?

A 창문을 좀 열어 드릴까요?

B 네, 좀 열어 주세요. 고맙습니다.

문법

V + 아/어 드릴까요

'–아/어 드릴까요'は目上の人などに、何かしてあげたくて意向を尋ねるときに使用する。

어간 'ㅏ', 'ㅗ' + 아 드릴까요 　예 돌봐 드릴까요, 찾아 드릴까요
그 외의 어간 + 어 드릴까요 　예 알려 드릴까요, 찍어 드릴까요

Tip 目上の人などに何かしてあげたいという決心するときは '–아/어 드리겠습니다', '–아/어 드릴게요' 等と話すことができる。 예 써 드리겠습니다, 도와 드릴게요

연습

다음 사람들을 도와주고 싶습니다. '–아/어 드릴까요'를 사용해서 말해 보세요.

보기 나타샤

짐/들다

① 마이클

한국 친구/소개하다

② 장소이

문/닫다

③ 왕카이

텔레비전/끄다

④ 프랑크

숙제/돕다

A 나타샤 씨, 짐을 좀 들어 드릴까요?

B 네, 좀 들어 주세요.

짐 荷物
들다 持つ

들어 봅시다

선생님과 상담하는 대화 듣기

01 여러분은 한국어 공부 중에서 어떤 것이 가장 어렵습니까? 서로 이야기해 보세요.

02 다음은 장소이 씨가 선생님과 상담하는 대화입니다. 잘 듣고 물음에 답하세요. 17

(1) 선생님과 장소이 씨는 지금 무엇을 하고 있습니까?

① 잘 모르는 한국 문화에 대해 이야기하고 있다.
② 수업에서 이해하지 못한 내용에 대해 묻고 있다.
③ 한국어 공부의 어려운 점에 대해 이야기하고 있다.

(2) 장소이 씨는 무엇을 걱정하고 있습니까?

① 말하기나 읽기, 쓰기보다 듣기를 못한다.
② 한국 친구를 사귀고 싶지만 시간이 없다.
③ 한국어를 열심히 공부했지만 성적이 나쁘다.

(3) 선생님이 말한 공부 방법을 모두 고르세요.

① 매일 한국어로 일기를 쓰세요.
② 한국 사람과 많이 이야기하세요.
③ 수업에서 배운 내용을 매일 복습하세요.
④ 한국어 CD를 듣고 발음 연습을 하세요.
⑤ 한국어 CD를 듣고 받아쓰는 연습을 하세요.

- 상담하다 **相談する**
- 이해하다 **理解する**
- 내용 **内容**
- 사귀다 **つきあう**
- 방법 **方法**
- 일기 **日記**
- 복습하다 **復習する**
- 발음 **発音**
- 받아쓰다 **聞いて書き取る**

Part 1

말해 봅시다

하고 싶은 일에 대한 정보 알려 주기

여러분의 친구는 요즘 한국 생활이 심심합니다. 친구는 어떤 일을 하고 싶어 합니까? 친구가 하고 싶은 일에 대한 정보를 알려 주세요.

Try it! 말풍선을 따라 대화를 구성해 보세요.

	미셸 자신의 한국 생활에 대해 말하고 하고 싶은 일에 대한 정보를 구하세요.	**나타샤** 친구의 한국 생활의 문제점을 듣고 하고 싶은 일에 대한 정보를 알려 주세요.
1. 한국 생활에 대해 묻기	한국 생활 I 재미있다?	**처음** I 익숙해졌다 미셸 씨는?
2. 한국 생활의 어려운 점 말하기	아는 사람이 별로 없다 + 심심하다	한국에 오다 + 얼마 안 되다 + 그렇다 관심 있는 걸 배우다?
3. 하고 싶은 일에 대한 정보 주기	부채춤을 배우고 **싶었다** + 아는 곳이 없다 어디에서?	백화점 문화 센터 I 부채춤을 가르쳐 주다 거기에 등록하다
4. 위치 묻기	위치 I 정확히?	지하철 신촌역 근처 전화번호를 **알리다?**
5. 감사 인사하기	네 고맙다	

대화

18

미셸	나타샤 씨, 한국 생활은 재미있어요?
나타샤	네, 처음에 비해서 많이 익숙해졌어요. 미셸 씨는 한국 생활이 어때요?
미셸	아는 사람이 별로 없어서 심심해요.
나타샤	한국에 온 지 얼마 안 돼서 그럴 거예요. 관심 있는 걸 좀 배워 보면 어때요?
미셸	부채춤을 배우고 싶었지만 아는 곳이 없어요. 어디에서 배울 수 있어요?
나타샤	학교 근처에 있는 백화점 문화 센터에서 부채춤을 가르쳐 주고 있어요. 거기에 등록해 보세요.
미셸	정말요? 위치가 정확히 어디예요?
나타샤	지하철 신촌역 근처예요. 전화번호를 알려 드릴까요?
미셸	네, 좀 알려 주세요. 고맙습니다.

표현

- 한국 생활에 대해 묻고 답하기

A : 한국 생활은 어때요?
B : 처음에 비해서 재미있어요.
익숙하지 않아서 좀 불편해요.
바쁘지만 일이 재미있어서 좋아요.
아는 사람이 별로 없어서 좀 심심해요.

Tip '–는 것이'を略して'–는 게'と使うことができる。'–는 것을'は'–는 걸', '–는 것은'は'–는 건'と略して使う。
예 보는 것이 → 보는 게, 보는 것을 → 보는 걸, 보는 것은 → 보는 건

확장

친구에게 지금 한국 생활이 어떤지 물어보고 한국에서 하고 싶은 일에 대한 정보를 알려 주세요.

하고 싶은 일	조언	정보
태권도를 배우다	백화점 문화 센터에 가다	토요일 아침 11시~1시
한국어를 잘하다	한국어 도우미를 만나다	학교 홈페이지에 신청

· 익숙해졌다 **慣れた** · 별로 **あまり、別に** · 심심하다 **退屈だ** · 문화 센터 **文化センター、カルチャーセンター** · 등록하다 **登録する**
· 정확히 **正確に**

Part 2

준비합시다

01 -(으)ㄹ 때

19

여러분은 언제 부모님과 가족들이 생각납니까? 그때를 어떻게 말할까요?

A 미셸 씨는 언제 가족들이 보고 싶어요?

B 저는 몸이 아플 때 가족들이 가장 보고 싶어요.

문법

A/V + (으)ㄹ 때

'-(으)ㄹ 때'は動作や状態が続く間を表すときに使用する。

子音 + 을 때　　예 많을 때, 먹을 때

母音, ㄹ + ㄹ 때　예 예쁠 때, 갈 때, 만들 때

Tip 名詞が前にくるときは 'N + 때'と書く。　예 다섯 살 때, 대학교 때

연습

다음은 우리가 일상생활에서 지켜야 할 예절입니다. 알맞은 것을 골라 '-(으)ㄹ 때'를 사용해서 문장을 완성해 보세요.

보다 · 타다 · 끊다 · 마시다 · 방문하다 · 식사하다

보기	극장에서 영화를 볼 때 앞 사람의 의자를 발로 차면 안 됩니다.
①	다른 사람과 ________________ 코를 풀면 실례가 됩니다.
②	상갓집을 ________________ 보통 검정 옷을 입습니다.
③	지하철을 ________________ 사람들이 먼저 내린 후에 타세요.
④	전화를 ________________ 다른 사람의 이야기가 끝난 후에 끊으세요.
⑤	어른과 술을 ________________ 고개를 옆으로 돌리고 마셔야 합니다.

방문하다 訪問する
차다 蹴る
코를 풀다 鼻をかむ
상갓집 喪家、通夜
검정 黒
(전화를) 끊다 切る
고개 頭、首
돌리다 回す、向ける

02 -았/었을 때

20

과거의 언제 한 것인지 또는 언제 경험한 것인지 말하려고 합니다. 어떻게 말할까요?

A 장소이 씨, 한국에서 언제 가장 재미있었어요?

B 친구들과 같이 좋아하는 가수 콘서트에 갔을 때 제일 재미있었어요.

문법

A/V + 았/었을 때

'-았/었을 때'は過去にあることが続いた時間やそれまでの時間を表すときに使用する。

어간 'ㅏ', 'ㅗ' + 았을 때 　예 예뻤을 때, 갔을 때, 왔을 때
그 외의 어간 + 었을 때 　예 젊었을 때, 먹었을 때
※ 이다: 子音 + 이었을 때 　예 학생이었을 때 　母音 + 였을 때 　예 주부였을 때

연습

여러분은 다음과 같은 상황을 경험했을 때 기분이 어땠어요? '-았/었을 때'를 사용해서 말해 보세요.

	상황		느낀 감정
보기	처음 한국에 도착했다	————	긴장이 됐다
①	장학금을 받았다	• •	무서웠다
②	컴퓨터가 고장이 났다	• •	창피했다
③	남자 친구와 헤어졌다	• •	아주 기뻤다
④	한국어 발음이 틀렸다	• •	짜증이 났다
⑤	지난번 도둑이 들었다	• •	슬펐다

A 처음 한국에 도착했을 때 기분이 어땠어요?

B 그때는 좀 긴장이 됐어요.

- 긴장이 되다 **緊張している**
- 고장이 나다 **故障する**
- 창피하다 **恥ずかしい**
- 헤어지다 **別れる**
- 도둑이 들다 **泥棒が入る**
- 틀리다 **間違う**
- 짜증이 나다 **いらだつ**

Part 2

들어 봅시다

대중교통 이용에 대한 대화 듣기

01 다음은 지하철 노선도입니다. 다음 노선표를 보고 이대역에서 압구정역까지 어떻게 가겠습니까? 서로 이야기해 보세요.

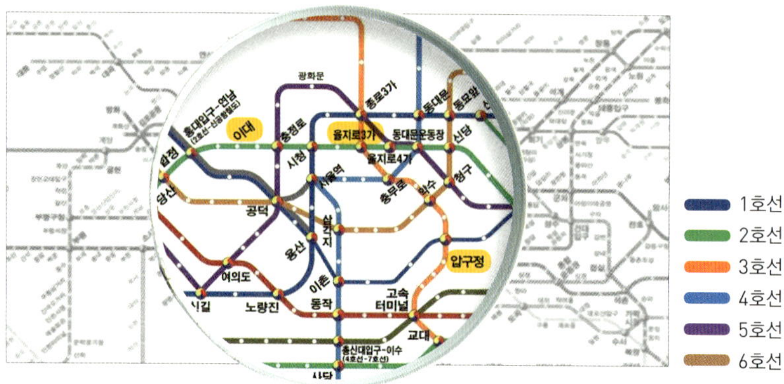

02 다음은 박현미 씨와 장소이 씨의 대화입니다. 잘 듣고 물음에 답하세요. 21

(1) 장소이 씨는 압구정동에 어떻게 갈 겁니까?

① 

② 

③ 

(2) 다음 중 박현미 씨가 말한 교통 카드의 장점은 무엇입니까? 모두 고르세요.

① 갈아탈 때 할인을 받을 수 있다.

② 갈아탈 때 표를 사지 않아도 된다.

③ 현금으로 내는 것보다 할인이 된다.

④ 친구의 교통비를 같이 계산해 줄 수 있다.

⑤ 카드를 쓰고 남은 돈은 현금으로 돌려받을 수 있다.

(3) 맞는 것에 ✔표 하세요.

① 압구정동까지 지하철로 40분 정도 걸린다. 네 _____ 아니요 _____

② 장소이 씨는 지금 교통 카드가 없다. 네 _____ 아니요 _____

③ 버스 타는 곳에서 교통 카드를 살 수 있다. 네 _____ 아니요 _____

- 교통 카드 交通カード
- 장점 長所
- 갈아타다 乗り換える
- 할인 割引
- 현금 現金
- 교통비 交通費
- 계산하다 計算する
- 남다 残る
- 돌려받다 返してもらう

어휘

편의 시설

공원

병원

약국

편의점

꽃집

주유소

안경점

문구점

세탁소

PC방

사진관

빵집

Part 2

말해 봅시다

쓰레기 버리는 방법에 대해 알려 주기

옆집 사람이 쓰레기를 어떻게 버리는지 모릅니다. 옆집 사람에게 쓰레기 버리는 방법을 알려 주고 쓰레기봉투를 살 수 있는 곳도 말해 주세요.

Try it!

말풍선을 따라 대화를 구성해 보세요.

	소피 옆집 사람에게 쓰레기 버리는 방법과 쓰레기봉투를 살 수 있는 곳을 물어 보세요.	은주 옆집 사람이 쓰레기 버리는 방법을 물어 봅니다. 쓰레기 버리는 방법과 쓰레기 봉투를 살 수 있는 곳을 알려 주세요.
1. 방문 목적 말하기	물어볼 게 있다 + 왔다	무슨 일?
2. 음식물 쓰레기 버리는 방법 묻기	쓰레기 버리는 방법 | 모르다 음식물 쓰레기 | 어떻게 버리다?	음식물 | **버리다** | 아파트 앞 음식물 쓰레기통 | 버리다
3. 다른 쓰레기 버리는 방법 묻기	다른 쓰레기 | 어디 | 버리다?	버리는 쓰레기통 | 그 옆 | 있다 **버리다** | 쓰레기봉투에 넣다 쓰레기봉투 | 따로 팔다
4. 쓰레기봉투 사는 곳 묻기	그 봉투는 어디 | 사다?	슈퍼마켓이나 편의점 | 팔다 어제 슈퍼에 **갔다** | 봉투 | 없었다
5. 인사하기	가기 전 | 한번 전화해 보다	모르는 게 있다 + 언제든지 물어보다

대화

23

소피	은주 씨, 물어볼 게 있어서 왔어요.
은주	네, 소피 씨. 들어오세요. 무슨 일이세요?
소피	쓰레기 버리는 방법을 잘 모르겠어요. 음식물 쓰레기는 어떻게 버려야 돼요?
은주	음식물 쓰레기를 버릴 때는 아파트 앞 음식물 쓰레기통에 버리세요.
소피	그러면 다른 쓰레기는 어디에 버려야 돼요?
은주	버리는 쓰레기통이 그 옆에 있어요. 그런데 버릴 때 쓰레기봉투에 넣어야 돼요. 쓰레기봉투를 따로 팔아요.
소피	그럼 그 봉투는 어디에서 살 수 있어요?
은주	세탁소 건너편에 있는 슈퍼마켓이나 PC방 옆에 있는 편의점에서 팔아요. 그런데 어제 슈퍼에 갔을 때는 봉투가 없었어요.
소피	그래요? 그럼 가기 전에 한번 전화해 볼게요.
은주	그러세요. 또 모르는 게 있으면 언제든지 물어보세요.

표현

■ 방문한 이유 말하기

그냥 놀러 왔어요.
부탁 좀 하려고요.
궁금한 게 있어서요.
물어볼 게 있어서 왔어요.

■ 쓰레기를 버리는 방법 말하기

A : 음식물 쓰레기는 어떻게 버려요?
B : 음식물 쓰레기는 따로 버려야 돼요.
음식물 쓰레기는 같이 버리면 안 돼요.
음식물 쓰레기를 버릴 때는 아파트 앞 음식물 쓰레기통에 버리세요.

확장

친구가 다음 카드를 어떻게 사용하는지, 어디에서 사는지 잘 모릅니다. 친구에게 사용 방법과 살 수 있는 곳을 알려 주세요.

카드	사용 방법	사는 곳
교통 카드	버스나 지하철을 탈 때 단말기에 찍다 환승할 때 단말기에 찍고 내리다	은행, 편의점
커피숍 포인트 카드	계산할 때 포인트 카드를 내면 포인트가 쌓이다 나중에 많이 쌓이면 현금으로 쓸 수 있다	커피숍

· 쓰레기 ごみ · 버리다 捨てる · 음식물 食べ物 · 아파트 アパート · 쓰레기통 ごみ箱 · 쓰레기봉투 ごみ袋 · 따로 別々に
· 언제든지 いつでも

Part 3

읽고 써 봅시다

이메일 읽고 답장 쓰기

01 여러분은 한국 친구가 있습니까? 그 친구와 만나기 전에 어떻게 서로 연락했습니까?

02 다음은 박희준 씨가 장소이 씨에게 보낸 이메일입니다. 다음을 읽고 물음에 답하세요. 24

보낸 사람	phj@ewha.ac.kr
받는 사람	soy@hitmail.com
제목	

안녕하세요? 장소이 씨.

김 선생님께 소개 받은 박희준이라고 해요. 어제 장소이 씨가 전화했을 때 제가 아르바이트를 하고 있어서 전화를 못 받았어요. 오늘 아침에 몇 번 전화 드렸지만 안 받으셔서 메일을 보냅니다.

우리 언제 만나면 좋을까요? 저는 월요일부터 금요일은 오전 9시부터 1시까지 수업이 있어요. 수요일, 금요일에는 오후에 아르바이트가 있고요. 월요일, 화요일, 목요일 1시부터는 언제든지 괜찮아요. 그런데 사실 월요일에 비해서 화요일이나 목요일이 좋아요. 시간 괜찮으실 때 저에게 전화해 주세요.

박희준 올림

추신 : 참, 김 선생님께 들었어요. 장소이 씨, 한국 영화나 노래를 좋아하지요?
한국 노래나 영화로 공부하면 재미있을 거예요. 저에게 한국 영화 DVD가 많이 있어요. 원하시면 빌려 드릴게요.*^^* 연락해 주세요.

(1) 이메일 제목으로 다음 중 어떤 것이 가장 좋습니까?

① 아르바이트를 하고 싶어요?

② 한국 노래나 영화로 공부해요.

③ 김 선생님께 소개 받은 박희준입니다.

- 추신 追伸
- DVD DVD
- 원하다 願う、望む

(2) 맞는 것에 ✓표 하세요.

① 박희준 씨와 장소이 씨는 한 번도 안 만났다. 네 ______ 아니요 ______

② 박희준 씨는 이메일을 보내기 전에 먼저 전화했다. 네 ______ 아니요 ______

③ 박희준 씨와 만나고 싶으면 이메일을 보내야 한다. 네 ______ 아니요 ______

(3) 다음 수첩에 박희준 씨의 일주일 계획을 메모하세요. 언제 장소이 씨를 만나면 좋습니까? 메모한 것을 보고 이야기해 보세요.

월	화	수	목	금	토	일

03 이메일에 답장을 써 보세요.

(1) 박희준 씨의 이메일에 답장을 쓰려고 합니다. 어떻게 쓸지 다음에 메모해 보세요.

Ⅰ. 첫인사: ______________________

Ⅱ. 용건

1. 만날 수 있는 시간: ______________________
2. 공부하고 싶은 것: ______________________

Ⅲ. 끝인사: ______________________

(2) 위의 메모를 바탕으로 박희준 씨에게 답장을 써 보세요.

낭독

[보기]를 참고하여 '연음(liaison)'에 주의하면서 글을 낭독하세요. 25

보기 전화했을 때 [전화해쓸때], 있어서 [이써서]

김 선생님께 소개 받은 박희준이라고 해요. 어제 장소이 씨가 전화했을 때 제가 아르바이트를 하고 있어서 전화를 못 받았어요. 오늘 아침에 몇 번 전화 드렸지만 안 받으셔서 메일을 보냅니다.
우리 언제 만나면 좋을까요? 시간 괜찮으실 때 저에게 전화해 주세요.

문화 알아보기

독특한 호칭 '언니', '오빠'

여러분은 여러분보다 나이가 많은 선배를 어떻게 부릅니까? 보통 '선배'라는 호칭을 많이 사용하지요? 하지만 여러분 중에는 한국 학생들이 자신들의 선배를 '언니', '오빠' 또는 '형', '누나'라고 부르는 것을 들어 본 적이 있을 것입니다.

한국 학생들은 정말로 친한 선배를 부를 때 언니, 오빠 또는 형, 누나라고 부르기도 합니다. 보통 처음 만났거나 별로 친하지 않은 상급생을 부를 때는 선배로 부르지만, 친해지면서 언니, 오빠 등으로 바꿔 부르게 되는 것이지요. 이것은 비록 가족은 아니지만 가족 관계의 호칭을 사용해서 친근함을 표현하는 한국인의 사고가 반영된 것입니다.

皆さんは皆さんより年上の先輩をどう呼びますか。普通'先輩(선배)'という呼称を多く使用するでしょう。けれども、皆さんの中には韓国の学生が自分の先輩を'オンニ(언니)'、'オッパ(오빠)' あるいは'ヒョン(형)'、'ヌナ(누나)'と呼ぶのを聞いたことがある人がいるでしょう。

韓国の学生はとても親しい先輩をオンニ、オッパあるいはヒョン、ヌナと呼ぶことがあります。普通、初対面やあまり親しくない上級生を呼ぶときは、先輩と呼ぶけれど、親しくなったらオンニ、オッパなどと呼ぶようになるのです。これは、たとえ家族ではないけれど、家族関係の呼称を使用することによって親近感を表現する韓国人の考え方の現れなのです。

01 한국 사람들은 왜 선배를 언니, 오빠, 형, 누나라고 부를까요?

02 여러분 나라에서는 선배를 어떻게 부릅니까? 혹시 특별히 사용하는 호칭이 있습니까?

문학 맛보기

詩 어머니

01 여러분은 '어머니' 하면 어떤 모습이 떠오릅니까? 서로 이야기해 보세요.

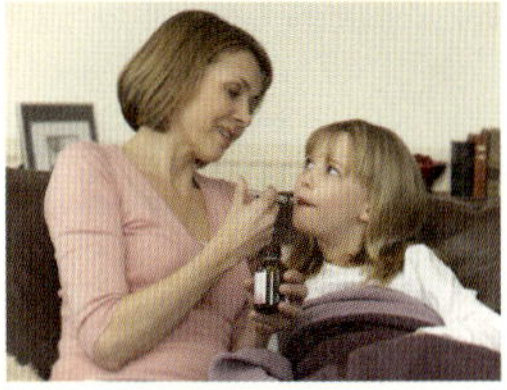

02 다음은 시 「어머니」입니다. 시인은 어머니를 어떻게 느끼고 있는지 생각하면서 낭송해 보세요. 26

어머니

한하운(1920~1975)

어머니
나를 낳으실 때
배가 아파서 울으셨다.

어머니
나를 낳으신 뒤
아들 됐다고 기뻐하셨다.

어머니
병들어 죽으실 때
날 두고 가신 길을 슬퍼하셨다.

어머니
흙으로 돌아가신
말이 없는 어머니.

『한하운 시 전집』, 인간사, 1956

03 여러분은 지금까지 살면서 부모님의 사랑을 언제 가장 깊이 느꼈습니까? 서로 이야기해 보세요.

낳다 産む　두다 置く、もつ　병들다 病気になる　슬퍼하다 悲しむ　흙 土

제3과

음식과 생활

食べ物と生活

제 3 과 음식과 생활 食べ物と生活

Part 1

준비합시다 — 1 –(으)시겠습니까 2 때문에 3 –기 때문에

들어 봅시다 — 전화로 음식 배달 주문하는 대화 듣기
電話で出前をとる対話を聞く

말해 봅시다 — 식당에서 음식 주문하기
食堂で食べ物を注文する

Part 2

준비합시다 — 1 (이)나 2 ㅅ불규칙

들어 봅시다 — 요리 프로그램 듣기
料理番組を聞く

말해 봅시다 — 요리법 알려 주기
調理方法を教える

Part 3

읽고 써 봅시다 — 요리법에 대한 글 읽고 쓰기
調理方法についての文を読んで書く

CULTURE & LITERATURE

문화 알아보기 — 명절과 음식 名節と食べ物

문학 맛보기 — 노래 歌「냉면」

Part 1

준비합시다

01 -(으)시겠습니까

27

식당에서 종업원이 손님에게 주문을 받을 때 어떻게 물을까요?

A 무엇을 주문하시겠습니까?

B 비빔밥 하나하고 떡국 하나 주세요.

문법

V + (으)시겠습니까

'-(으)시겠습니까'は相手方の意向を丁寧に尋ねるときに使用する。

子音 + 으시겠습니까 예 찍으시겠습니까

母音, ㄹ + 시겠습니까 예 가시겠습니까, 만드시겠습니까

연습

다른 사람의 생각을 물을 때 어떻게 말합니까? '-(으)시겠습니까'를 사용해서 말해 보세요.

보기	자리	(금연석에 앉다)	흡연석에 앉다
①	주문	지금 주문하다	(이따가 주문하다)
②	음식	스테이크 요리를 먹다	(생선 요리를 먹다)
③	술	(맥주를 시키다)	포도주를 시키다
④	후식	(커피를 마시다)	홍차를 마시다
⑤	계산	현금으로 내다	(카드로 내다)

A 손님, 금연석에 앉으시겠습니까, 흡연석에 앉으시겠습니까?

B 금연석에 앉을게요.

금연석 禁煙席
흡연석 喫煙席
스테이크 ステーキ
맥주 ビール
포도주 ワイン
후식 デザート
홍차 紅茶
내다 出す
손님 お客様

02 때문에

28

우리 반 모임에 가지 못하는 이유를 어떻게 말하면 좋을까요?

A 마이클 씨, 내일 우리 반 모임에 갈 거지요?

B 아니요. 출장 때문에 못 가요.

문법

N + 때문에

'때문에'は名詞とともに用いられ、あることの理由や要因を表すときに使用する。

날씨 + 때문에 → 날씨 때문에　　시험 + 때문에 → 시험 때문에

Tip 'N + 때문이다'と使われることもある。 예 요즘 계속 비가 오는 것은 장마 때문입니다.

연습

다음 일을 한 이유는 무엇입니까? '때문에'를 사용해서 말해 보세요.

	할 일	이유
보기	얀 씨에게 전화했다	내일 숙제
①	약을 먹다	두통
②	길이 막히다	지하철 공사
③	한국어를 배우다	한국 남자 친구
④	요즘 도서관에 가다	다음 주에 있을 시험
⑤	여행을 못 갔다	장마

A 왜 얀 씨에게 전화했어요?

B 내일 숙제 때문에 전화했어요. 숙제를 잘 몰라서요.

· 출장 出張
· 두통 頭痛
· 공사 工事
· 장마 梅雨

03 -기 때문에

29

어떤 일의 이유나 원인을 설명할 때 어떻게 말할까요?

A 왜 오후에는 커피를 안 마셔요?

B 오후에 마시면 잠을 못 자기 때문에 안 마셔요.

문법

A/V + 기 때문에

'-기 때문에'はあることの原因や理由を表すときに使用する。

많 + 기 때문에 → 많기 때문에	가 + 기 때문에 → 가기 때문에
많았 + 기 때문에 → 많았기 때문에	갔 + 기 때문에 → 갔기 때문에

연습

사람들이 다음의 식당에 자주 가는 이유는 무엇입니까? '-기 때문에'를 사용해서 말해 보세요.

	이름	자주 가는 식당	이유
보기	티엔	한식집	음식이 맛있다
①	장소이	분식집	메뉴가 다양하다
②	이치로	중국집	양도 많고 맛있다
③	왕카이	학생 식당	싸고 깨끗하다
④	미셸	이탈리아 식당	스파게티를 좋아하다
⑤	마이클	패밀리 레스토랑	서비스가 좋다

- 분식집 **ブンシク(粉食)屋**
- 메뉴 **メニュー**
- 양 **量**
- 이탈리아 식당 **イタリアン**
- 패밀리 레스토랑 **ファミリーレストラン**
- 서비스 **サービス**

A 티엔 씨, 보통 어디에서 점심을 먹어요?

B 보통 한식집에서 먹어요.

A 왜 거기에 자주 가요?

B 음식이 맛있기 때문에 자주 가요.

들어 봅시다

전화로 음식 배달 주문하는 대화 듣기

01 이 사람은 지금 어디에 전화합니까? 서로 이야기해 보세요.

02 다음은 나타샤 씨의 전화 내용입니다. 잘 듣고 물음에 답하세요. 30

(1) 나타샤 씨는 지금 무엇을 하고 있습니까?

① 음식을 주문하고 있다.
② 가게 위치를 묻고 있다.
③ 음식의 종류를 묻고 있다.

(2) 배달이 늦게 오는 이유는 무엇입니까?

① 배달하는 사람이 많지 않기 때문에
② 배달 가야 할 곳이 아직 많기 때문에
③ 배달 가는 길이 많이 막혀 있기 때문에

(3) 맞는 것에 ✔표 하세요.

① 나타샤 씨는 매운 음식을 좋아해서 매운 걸로 주문했다. 네 ____ 아니요 ____
② 이 가게에 닭을 시키면 콜라를 무료로 준다. 네 ____ 아니요 ____
③ 나타샤 씨는 현금으로 계산할 것이다. 네 ____ 아니요 ____

- 가게 お店
- 배달하다 配達する
- 닭 鶏、チキン
- 콜라 コーラ
- 무료 無料、ただ

Part 1

말해 봅시다

식당에서 음식 주문하기

친구와 한식집에 갔습니다. 다음의 한식집 메뉴를 보고 음식을 주문하세요.

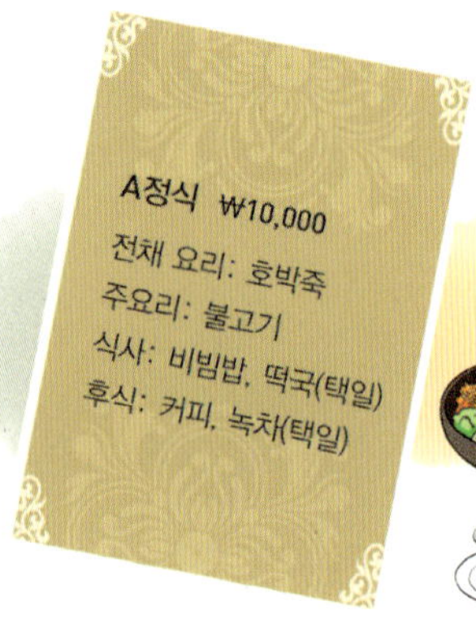

Try it!

말풍선을 따라 대화를 구성해 보세요.

<table>
<tr><th></th><th>종업원
손님이 모르는 음식에 대해 설명하세요.</th><th>마이클
왕카이에게 뭘 먹을지 묻고 모르는 음식을 종업원에게 물으세요.</th><th>왕카이
모르는 음식을 종업원에게 묻고, 먹고 싶은 음식을 정하세요.</th></tr>
<tr><td>1. 주문할 음식 묻기</td><td>뭘 주문하다?</td><td>뭘 먹을까요?</td><td>A정식 | 뭐 | 나오다?</td></tr>
<tr><td>2. A정식에 대해 묻고 답하기</td><td>주요리 | 불고기
식사 전 | 호박죽 | 나오다 + 식사 |
비빔밥,떡국 | 하나 | 선택하다</td><td></td><td>호박죽 | 뭐?</td></tr>
<tr><td>3. 전채 요리에 대해 답하고 주요리에 대해 묻기</td><td>물 | 호박을 넣다 + 끓이다 | 죽
달콤한 맛 | 좋아하다 | 손님 | 많다</td><td>떡국은?</td><td></td></tr>
<tr><td>4. 주요리에 대해 답하고 식사 주문하기</td><td>쇠고기 국물 | 흰떡을 넣다 + 끓인 것
맵지 않다 | 외국 손님들 | 좋아하다</td><td>저 | 떡국
왕카이 씨?</td><td>저 | 비빔밥</td></tr>
<tr><td>5. 후식 정하기</td><td>후식 | 뭐 | 하다?
커피 | 녹차 | 있다</td><td>녹차</td><td>커피</td></tr>
</table>

대화

31

종업원 손님, 뭘 주문하시겠습니까?

마이클 왕카이 씨, 우리 뭘 먹을까요?

왕카이 글쎄요. (종업원에게) 저기요, A정식에는 뭐가 나와요?

종업원 주요리는 불고기입니다. 식사 전에 호박죽이 나오고, 식사는 비빔밥, 떡국 중에서 하나를 선택하시면 됩니다.

왕카이 호박죽은 뭐예요?

종업원 물에 호박을 넣고 끓인 죽입니다. 달콤한 맛 때문에 좋아하는 손님들이 많습니다.

마이클 그래요? 그럼 떡국은요?

종업원 그건 쇠고기 국물에 흰떡을 넣고 끓인 것입니다. 맵지 않기 때문에 외국 손님들이 좋아합니다.

마이클 그럼 저는 떡국으로 할게요. 왕카이 씨는요?

왕카이 저는 비빔밥을 먹을게요.

종업원 후식은 뭐로 하시겠습니까? 커피와 녹차가 있습니다.

마이클 저는 녹차 주세요.

왕카이 저는 커피요.

표현

- 음식 주문하기

A: 뭘 주문하시겠습니까? / 뭘 드시겠습니까? / 식사는 뭐로 하시겠습니까?
B: 비빔밥 한 그릇 주세요. / 비빔밥 하나 주세요. / 비빔밥으로 주세요. / 비빔밥요.

A: 갈비는 얼마나 드릴까요? / 갈비는 몇 인분 드릴까요?
B: 3인분 주세요. / 3인분요.

확장

친구와 식당에 갔습니다. 모르는 음식을 종업원에게 묻고 음식을 주문하세요.

B정식 ₩15,000
전채 요리: 호박죽
주요리: 불고기, 잡채, 계란찜
식사: 비빔밥, 떡국, 된장찌개(택일)
후식: 커피, 녹차(택일)

C정식 ₩20,000
전채 요리: 호박죽
주요리: 갈비찜, 잡채, 쇠고기전, 호박전
식사: 비빔밥, 떡국, 된장찌개(택일)
후식: 과일
음료: 커피, 녹차, 아이스크림(택일)

· 정식 **定食** · 전채 요리 **前菜料理** · 주요리 **メイン料理** · 호박죽 **カボチャのお粥** · 택일 **1つ選択** · 선택하다 **選択する、選ぶ**
· 끓이다 **煮る,沸かす** · 죽 **お粥** · 달콤하다 **甘い** · 국물 **スープ** · 흰떡 **白い餅**

Part 2

준비합시다

01 (이)나

제일 하고 싶은 일은 아니지만 그 일을 하는 것이 괜찮다고 생각하는 일을 말할 때 어떻게 말하면 좋을까요?

A 왕카이 씨, 시간이 있으면 우리 차나 한잔할까요?

B 네, 좋아요.

문법

N + (이)나

'(이)나'は満足ではないが、十分な程度を表すときに使用する。

子音＋이나 예 점심이나
母音＋나 예 커피나

연습

등산을 가려고 만났지만 비가 와서 등산을 갈 수 없습니다. 그래서 등산을 가지 않고 할 수 있는 일을 의논하고 있습니다. '(이)나'를 사용해서 제안해 보세요.

A 비가 와서 오늘은 등산을 갈 수 없어요.

B 그러면 우리 오늘 뭐 할까요?

C 우리 같이 노래방이나 가요.

한잔하다 一杯やる

02 ㅅ 불규칙

호박죽을 만드는 방법을 한국어로 어떻게 설명하면 좋을까요?

A 호박죽은 어떻게 만들어요?

B 냄비에 호박을 넣고 물을 부으세요. 물이 끓기 시작하면 저어 주세요.

문법

ㅅ 불규칙

'ㅅ'で終わる動詞の中には、後に母音で始まる語尾が来るときに語幹の'ㅅ'が脱落するものがある。

낫 + 아요 → 나아요　　붓 + 으면 → 부으면

연습

다음에서 알맞은 단어를 골라 대화를 완성하세요.

짓다 · 젓다 · 낫다 · 붓다

보기 A: 밥을 지을 때 주의해야 할 게 뭐예요?
B: 쌀과 물의 양을 맞추는 게 제일 중요해요.

① A: 왜 이렇게 얼굴이 ___________?
B: 요즘 일이 많아서 피곤해서 그래요.

② A: 의사 선생님, 목이 아프고 열이 나요.
B: 감기입니다. 이 약을 먹고 며칠 쉬면 곧 ___________ 거예요.

③ A: 강아지가 참 귀여워요. 그런데 왜 이름을 복실이라고 ___________?
B: 털이 많고 귀여워서요.

④ A: 이 국에 소금 넣었어요?
B: 네, 넣었어요. 그런데 국자로 한번 국을 ___________ 주시겠어요?

- 냄비 **鍋**
- 호박 **カボチャ**
- 붓다 **注ぐ、腫れる、むくむ**
- 젓다 **かき混ぜる**
- 짓다 **炊く**
- 낫다 **治る**
- 주의하다 **注意する**
- 맞추다 **合わせる**
- 이렇게 **こう**
- 얼굴 **顔**
- 국자 **しゃくし**
- 강아지 **子犬**
- 털 **毛**

Part 2

들어 봅시다

요리 프로그램 듣기

01 이 사람은 지금 무엇을 하고 있습니까? 여러분은 이 음식을 만드는 방법을 알고 있습니까? 서로 이야기해 봅시다.

02 다음은 요리하는 방법을 알려 주는 방송입니다. 잘 듣고 물음에 답하세요. 34

(1) 여자는 무슨 음식에 대해 말하고 있습니까?

① 라면 ② 떡국 ③ 계란찜

(2) 이 음식을 만드는 순서에 따라 빈 칸에 알맞은 방법을 써 보세요.

①	②	③	④
물을 끓인다. →	________. →	________. →	계란이나 떡을 넣는다.

(3) 맞는 것에 ✔표 하세요.

① 면을 넣은 후에 불을 세게 하면 더 맛있다. 네 ______ 아니요 _____

② 계란, 떡, 파는 물과 같이 넣는다. 네 ______ 아니요 _____

③ 다음 시간에는 볶음밥에 대해 이야기할 것이다. 네 ______ 아니요 _____

- 라면 ラーメン
- 계란찜 ケランチム、ポーチドエッグ
- 파 ネギ
- 넣다 入れる
- 면 麵
- 불 火
- 세게 強く
- 볶음밥 チャーハン

어휘

요리법

35

썰다

볶다

섞다

찌다

굽다

삶다

튀기다

부치다

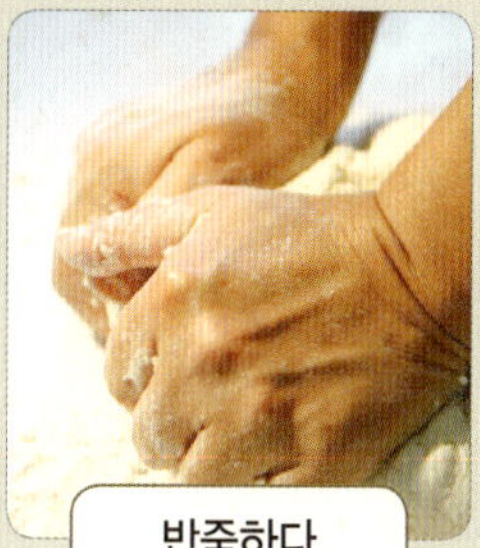
반죽하다

기름을 두르다

껍질을 벗기다

된장을 풀다

Part 2

말해 봅시다

요리법 알려 주기

내일 친구들이 우리 집에 놀러 옵니다. 그 친구들을 위해 김치전을 만들어 주려고 합니다. 한국 친구에게 김치전 만드는 방법을 물어보세요.

1. 밀가루에 물을 붓다

2. 젓다

3. 김치를 작게 썰다

4. 그 김치를 반죽에 넣고 섞다

5. 골고루 섞다

6. 프라이팬에 기름을 두르고 부치다

Try it!

말풍선을 따라 대화를 구성해 보세요.

	나타샤 은경에게 전화해서 김치전 만드는 방법을 물어보세요.	**은경** 나타샤가 전화로 김치전 만드는 방법을 물어봅니다. 방법을 알려 주세요.
1. 인사하기	여보세요, 은경 씨?	저 나타샤 씨?
2. 음식 만드는 방법 묻기	혹시 김치전 만드는 방법 I 알다?	알다 그런데 왜?
3. 음식 만드는 방법 알려 주기 ①	내일 친구들 I 우리 집 I 오다 그때 **김치전** I 해 주다	어렵다 × 먼저 밀가루 I 물 I **붓다** I 잘 **젓다**
4. 음식 만드는 방법 알려 주기 ②	그 다음?	김치 I 작게 썰다 + 그 김치 I 반죽 I 넣다 + 섞다 골고루 섞다 I 프라이팬 I 기름 I 두르다 + 부치다
5. 더 넣으면 좋은 것 알려 주기	더 넣을 건 없다?	김치 I 같이 오징어 I 넣다 + 더 맛있다
6. 감사 인사하기	고맙다 한번 만들어 보다	

대화

36

나타샤 여보세요, 은경 씨 있어요?

은경 저예요. 나타샤 씨예요?

나타샤 네. 은경 씨, 혹시 김치전 만드는 방법을 알아요?

은경 알아요. 그런데 그건 왜요?

나타샤 내일 친구들이 우리 집에 와요. 그때 김치전이나 해 주려고요.

은경 그래요? 그거 어렵지 않아요. 먼저 밀가루에 물을 부은 다음에 잘 저으세요.

나타샤 그 다음은요?

은경 그리고 김치를 작게 썰고 그 김치를 반죽에 넣고 섞으세요. 골고루 섞은 후에 프라이팬에 기름을 두르고 부치세요.

나타샤 더 넣을 건 없어요?

은경 김치하고 같이 오징어를 넣으면 더 맛있어요.

나타샤 네, 고마워요. 한번 만들어 볼게요.

표현

■ 음식 만드는 방법 묻기

(김치전)은 어떻게 해요?
(김치전)을 어떻게 만들어요?
(김치전) 만드는 방법을 알아요?
(김치전) 만드는 방법을 알려 주세요.

확장

요리를 잘하는 친구에게 만들고 싶은 음식의 요리법을 물어보세요.

음식 이름	만드는 방법
카레라이스	1. 쇠고기, 감자, 당근, 양파를 써세요. 2. 프라이팬에 기름을 두르고 쇠고기, 감자, 당근, 양파를 볶으세요. 3. 볶은 쇠고기, 감자, 당근, 양파를 냄비에 넣고 물을 부으세요. 4. 물이 끓으면 카레 가루를 조금씩 넣고 저으세요. ※ 다른 채소와 같이 브로콜리를 넣으면 더 맛있다.

· 밀가루 **小麦粉** · 반죽 **キジ** · 골고루 **均等に** · 프라이팬 **フライパン** · 김치전 **キムチのチヂミ、キムチのジョン** · 오징어 **イカ**

Part 3

읽고 써 봅시다

요리법에 대한 글 읽고 쓰기

01 다음은 음식을 만드는 사진입니다. 무슨 음식을 만들고 있는지 이야기해 보세요.

02 다음은 된장찌개를 끓이는 방법입니다. 다음을 읽고 물음에 답하세요. 37

된장찌개

재료 | 된장 3큰술, 쇠고기 100g, 호박 1/2개, 양파 1개, 감자 1개, 두부 70g, 고추 2개, 다진 마늘 1큰술, 파 20g

1 호박, 양파, 감자를 가로, 세로 2cm, 두께 1cm로 써세요.
2 두부는 가로, 세로 3cm, 두께 0.5cm로 썰고, 파도 써세요.
3 냄비에 쇠고기를 넣고 물을 부으세요.
4 국물이 끓으면 국물에 된장을 풀고 호박, 양파, 감자를 넣고 끓이세요.
5 찌개가 끓으면 두부와 고추, 다진 마늘을 넣으세요.
6 먹기 직전에 파를 넣으세요. 파를 일찍 넣으면 파의 향이 없어지기 때문에 맛이 없습니다.

* 하나 더! 쇠고기를 넣지 않고 멸치나 조개를 넣어도 됩니다.
고추 때문에 찌개가 조금 맵습니다. 매운 맛을 싫어하는 사람은 고추를 넣지 마세요.

- 된장 味噌
- 큰술 大さじ
- 두부 豆腐
- 다지다 つぶす、みじん切りにする
- 마늘 にんにく
- 고추 唐辛子
- 가로 横
- 세로 縦
- 두께 厚み
- 풀다 溶かす、ほどく
- 직전 直前
- 향 香り
- 없어지다 無くなる
- 멸치 イワシ、小魚
- 조개 貝

(1) 된장찌개를 만들 때 필요한 재료는 무엇입니까?

① 
② 
③ 

(2) 맞는 것에 ✔표 하세요.

① 된장을 풀고 채소를 넣는다. 네 _____ 아니요 _____
② 파는 처음부터 넣고 끓인다. 네 _____ 아니요 _____
③ 쇠고기, 멸치, 조개를 모두 넣으면 더 맛있다. 네 _____ 아니요 _____

(3) 다음 사진을 보고 된장찌개를 끓이는 순서대로 번호를 써 보세요. 그리고 순서에 따라 끓이는 방법을 이야기해 보세요.

(1)

(　　)

(　　)

(　　)

03 여러분이 잘하는 음식의 요리법을 써 보세요.

(1) 여러분이 잘 만드는 음식은 무엇입니까? 여러분이 만들 수 있는 음식을 선택하여 그 음식의 재료, 만드는 방법을 메모해 보세요.

Ⅰ. 음식 이름: ____________________

Ⅱ. 재료: ____________________

Ⅲ. 만드는 방법

1. ____________________
2. ____________________
3. ____________________
4. ____________________

(2) 위의 메모를 바탕으로 잘하는 음식의 요리법을 써 보세요.

낭독

[보기]를 참고하여 숫자를 읽는 데 주의하면서 글을 낭독하세요. 38

보기 3큰술 [세큰술], 100g [백그램]

된장찌개를 끓이고 싶으면 된장 3큰술, 쇠고기 100g, 호박 1/2개, 양파 1개, 감자 1개, 두부 70g, 고추 2개, 다진 마늘 1큰술, 파 20g을 준비해야 합니다. 먼저 호박과 양파, 감자를 가로, 세로 2cm, 두께 1cm로 썹니다. 그리고 두부는 가로, 세로 3cm, 두께 0.5cm로 썰고, 파도 썹니다. 그 다음에 된장을 풉니다. 국물이 끓으면 야채를 넣고 다진 마늘을 넣습니다.

문화 알아보기

명절과 음식

한국의 대표적인 명절에는 설날과 추석이 있습니다. 설날은 새해가 시작하는 날이고, 추석은 가을에 한 해의 농사를 끝내고 수확한 것을 조상들에게 감사하는 날입니다. 그래서 설날과 추석에는 가족, 친척들이 함께 모여 조상들에게 차례를 지내고 맛있는 음식을 해서 나눠 먹습니다.

그런데 설날과 추석에 먹는 음식이 좀 다릅니다. 설날에는 떡국을 끓여 먹습니다. 떡국은 쇠고기 국물에 가래떡을 썰어 넣고 끓인 국을 말합니다. 한국 사람들은 설날에 떡국을 먹어야 나이를 한 살 더 먹는다고 생각합니다. 그리고 추석에는 송편을 만들어 먹습니다. 송편은 보통 가을에 거둔 햅쌀에 콩, 깨를 넣어 찐 떡입니다. 추석 전날 가족들이 모여 앉아 보름달을 보면서 송편을 빚는데 반달 모양의 송편이 보름달처럼 발전하기를 기원하는 의미가 있습니다. 그리고 송편을 잘 빚으면 예쁜 딸을 낳는다고 합니다.

韓国の代表的な名節には正月とチュソク(秋夕)があります。正月は新しい年が始める日であり、チュソクは秋に1年の農事を終え収穫したことを先祖に感謝する日です。ですから、正月とチュソクには家族や親戚が集まって先祖にチャレ(茶礼)という儀式を捧げ、おいしい食べ物を作り分け合って食べます。

ところで、正月とチュソクは食べ物が少し違います。正月にはトックク(韓国式のお雑煮)を作って食べます。トッククは牛肉のスープにカレトック(米で作った長い餅)を薄く切って入れ作ったスープをいいます。韓国人は正月にトッククを食べてこそ年を1歳とると考えます。そして、チュソクにはソンピョンを作って食べます。ソンピョンは普通、秋に収穫した新米に大豆、ごまを入れて蒸した餅です。チュソクの前日、家族が一緒に座って満月を眺めながらソンピョンを作るのですが、半月の形をしたソンピョンが、満月のように発展するようにと願う意味が込められています。そして、ソンピョンを上手く作ったら可愛い娘を産むと言います。

01 설날과 추석에는 어떤 음식을 만들어 먹습니까? 서로 이야기해 보세요.

02 여러분 나라에서는 명절에 무엇을 먹습니까? 그 음식은 어떤 음식인지 이야기해 보세요.

문학 맛보기

歌 냉면

01 여러분은 비빔냉면과 물냉면 중에서 어떤 것을 더 좋아합니까? 왜 그렇습니까? 서로 이야기해 보세요.

02 다음은 노래 「냉면」입니다. 냉면에 대해 어떻게 표현했는지 생각하면서 읽어 보고 노래도 배워 보세요. 39

냉면

박태준(1900~1986)

한 촌사람 하루는 성내 와서 구경을 하는데
이 골목 저 골목 다니면서
별별 것 보았네.
맛좋은 냉면이 여기 있소.
값싸고 달콤한 냉면이오.
냉면 국물 더 주시오 아이구나 맛좋다.

『박태준 작곡집』, 대구서적연합, 1927

03 여러분이 좋아하는 한국 음식은 무엇입니까? 또는 가장 맛있게 먹은 음식은 무엇이었습니까? 서로 이야기해 보세요.

비빔냉면 **ビビム冷麺**　촌사람 **田舎者**　성내 **城内**　골목 **路地**　별별 것 **ありとあらゆるもの**　값싸다 **安い**
아이구나 **アイグナー**

제4과

여행

旅行

제 4 과 여행 旅行

Part 1

준비합시다	1 -는 중 2 -기로 하다 3 -나요
들어 봅시다	여름휴가에 대한 대화 듣기 夏期休暇についての対話を聞く
말해 봅시다	놀러 갈 곳에 대한 정보 주기 遊びに行く場所についての情報を与える

Part 2

준비합시다	1 -(으)ㄹ래요 2 -겠-
들어 봅시다	관광 상품 소개하는 대화 듣기 観光パッケージツアーを紹介する対話を聞く
말해 봅시다	여행 계획 세우기 旅行の計画を立てる

Part 3

읽고 써 봅시다	기행문 읽고 쓰기 紀行文を読んで書く

CULTURE & LITERATURE

문화 알아보기	한국의 숙박 문화 韓国の宿泊文化
문학 맛보기	시 詩「선물」

준비합시다

01 -는 중

40

여러분은 지금 무엇을 하고 있습니까? 지금 하고 있는 일을 어떻게 말할까요?

A 여보세요, 실례지만 장소이 씨 있어요?

B 지금 샤워하는 중이에요. 잠시 후에 전화해 주세요.

문법

V + 는 중

'-는 중'はあることが進行していることを表す。

기다리 + 는 중 → 기다리는 중　　먹 + 는 중 → 먹는 중　　만들 + 는 중 → 만드는 중

Tip 名詞の場合は 'N + 중'と書く。 예 수업 + 중 → 수업 중　　공사 + 중 → 공사 중

연습

미셸 씨는 지금 무엇을 하고 있습니까? '-는 중'을 사용해서 말해 보세요.

보기

여행 계획을 세우다

①

비행기 표를 예약하다

②

여행 가방을 싸다

③

지도를 보다

④

짐을 풀다

A 미셸 씨는 지금 뭐 하고 있어요?

B 여행 계획을 세우는 중이에요.

- 잠시 しばらく
- 계획을 세우다 計画を立てる
- 여행 가방을 싸다 旅行かばんに荷物を詰める
- 지도 地図
- 짐을 풀다 荷物を解く

02 –기로 하다

41

친구와 여행 약속을 했습니다. 약속한 것을 어떻게 말할까요?

A 우리 언제 여행을 떠나기로 했지요?

B 토요일 아침에 가기로 했어요.

문법

V + 기로 하다

'–기로 하다'はあることをしようと決定したり、決心や約束するとき使用する。

가 + 기로 하다 → 가기로 하다　　찾 + 기로 하다 → 찾기로 하다

연습

여러분은 다음과 같은 일정이 있습니다. 어떤 약속이 있는지 '–기로 하다'를 사용해서 말해 보세요.

보기 일	① 월	② 화	③ 수	④ 목	⑤ 금	⑥ 토
오전 8시	오후 1시	오후 3시	수업 후	수업 후	오후 6시	오전 11시
동생과 조깅	친구와 도서관	백화점에서 쇼핑	선생님과 상담	친구와 숙제	친구와 영화	후배와 점심

- 떠나다 発つ、去る
- 조깅 ジョギング
- 상담 相談

A 일요일 아침에 뭐 할 거예요? 시간 있으면 같이 테니스를 칠까요?

B 미안해요. 시간이 안 돼요. 동생과 조깅하기로 했어요.

Part 1

03 -나요

다른 사람에게 친근한 느낌으로 질문을 할 때 어떻게 물어보면 좋을까요?

A 이번 토요일 오전에 일본으로 가는 비행기 표가 아직 있나요?

B 손님, 죄송합니다. 토요일 오전 표는 매진입니다.

문법

V + 나요

'-나요'は相手に優しく尋ねるときに使用する。未来形は '-(으)ㄹ 건가요'と書く。

가 + 나요 → 가나요　　먹 + 나요 → 먹나요　　만들 + 나요 → 만드나요

갔 + 나요 → 갔나요　　먹었 + 나요 → 먹었나요　　만들었 + 나요 → 만들었나요

연습

비행기를 타려고 합니다. 직원에게 '-나요'를 사용해서 물어보세요.

보기 A: 몇 번 게이트에서 타나요?　　B: 7번 게이트에서 타시면 됩니다.

① A: 창가 자리가 ____________?
B: 죄송하지만 창가 자리는 없습니다.

② A: 짐은 어디에서 ____________?
B: 가방은 도착하시는 곳에서 찾으시면 됩니다.

③ A: 제시간에 ____________?
B: 물론입니다. 비가 오지만 제시간에 출발합니다.

④ A: 시애틀까지 시간이 얼마나 ____________?
B: 12시간 반 걸립니다.

- 매진 売り切れ
- 게이트 ゲート
- 창가 窓側
- 제시간 定時、予定時間通り
- 물론이다 当たり前だ、勿論だ
- 시애틀 シアトル

들어 봅시다

여름휴가에 대한 대화 듣기

01 여기는 어디입니까? 사람들은 지금 무엇을 하고 있습니까?

02 다음은 김은경 씨와 나타샤 씨의 대화입니다. 잘 듣고 물음에 답하세요. 43

(1) 김은경 씨가 전화를 했을 때 나타샤 씨는 무엇을 하고 있었습니까?

① 여행을 하고 있었다.

② 사진을 정리하고 있었다.

③ 관광 안내 책을 보고 있었다.

(2) 나타샤 씨가 휴가에서 한 것은 무엇입니까? 모두 고르세요.

① 쇼핑하기　② 박물관 관람하기　③ 유람선 타기

④ 프랑스 음식 먹기　⑤ 전통 공연 보기

(3) 맞는 것에 ✔표 하세요.

① 나타샤 씨는 작년에 부산에 가 봤다. 네 ____ 아니요 ____

② 김은경 씨는 지난주에 부산으로 여름휴가를 다녀왔다. 네 ____ 아니요 ____

③ 나타샤 씨와 김은경 씨는 다음에 만나기로 했다. 네 ____ 아니요 ____

- 관광 觀光
- 여름휴가 夏期休暇、夏休み
- 유람선 遊覧船
- 관람하기 観覧する、見る
- 전통 공연 伝統公演

Part 1

말해 봅시다

놀러 갈 곳에 대한 정보 주기

보통 놀이 공원에서 무엇을 합니까? 친구에게 서울에서 가까운 놀이 공원을 추천하고 그 이유도 말해 주세요.

Try it!

말풍선을 따라 대화를 구성해 보세요.

	미셸 친구가 놀러 갈 곳을 찾고 있습니다. 서울에서 가까운 곳을 알려 주고 그곳에서 할 수 있는 일, 가는 방법을 말해 주세요.	장소이 인터넷에서 놀러 갈 곳을 찾는 중입니다. 친구에게 좋은 곳을 물어보고 그곳에 대한 정보를 물으세요.
1. 주말 계획 묻기	이번 주말 | 뭐 하다?	친구들과 **놀러 가다**
2. 놀러 갈 곳 묻기	어디로 가다?	아직 못 정했다 지금 인터넷 | **찾고 있다** 아는 곳이 있다 + 추천해 주다
3. 놀러 갈 곳 추천하기	서울 근처 | 놀이 공원 | 가 보다	그곳 | 가다 + 뭘 **하다?**
4. 그곳에서 할 수 있는 일 말하기	거기 | 롤러코스터가 유명하다 롤러코스터 | 타 보다 저녁 | 불꽃놀이도 하다 요즘 꽃도 많이 피다 + 꽃구경도 하다	얼마나 걸리다?
5. 가는 방법 알려 주기	강남역 | 버스를 타다 + 1시간 걸리다	고맙다

대화

44

미셸 장소이 씨, 이번 주말에 뭐 할 거예요?

장소이 친구들과 놀러 가기로 했어요.

미셸 그래요? 어디로 갈 거예요?

장소이 아직 못 정했어요. 그래서 지금 인터넷에서 찾고 있는 중이에요. 미셸 씨가 잘 아는 곳이 있으면 좀 추천해 주세요.

미셸 그럼 서울 근처에 있는 놀이 공원에 한번 가 보세요.

장소이 그곳에 가면 보통 뭘 하나요?

미셸 거기는 롤러코스터가 유명해요. 거기 가면 롤러코스터를 꼭 타 보세요. 그리고 저녁에는 불꽃놀이도 해요. 요즘은 꽃도 많이 피어서 꽃구경도 할 수 있어요.

장소이 그래요? 그럼, 거기까지 얼마나 걸려요?

미셸 강남역에서 버스를 타면 한 시간쯤 걸려요.

장소이 네, 고마워요.

표현

- 놀러 갈 곳에 대한 정보 묻고 답하기

A : 그 놀이 공원은 뭐가 유명해요?
그곳에 가면 보통 뭘 하나요?
B : 거기는 롤러코스터가 유명해요. 거기 가면 롤러코스터를 꼭 타 보세요.
그 공원에서 제일 재미있는 놀이 기구는 롤러코스터예요.

확장

여러분은 주말에 놀러 가려고 합니다. 서울 근처에 구경할 만한 좋은 곳을 추천해 주세요. 그리고 그곳에서 할 수 있는 일을 이야기해 주세요.

추천 장소	할 수 있는 일
명동	옷이나 화장품 사기, 맛있는 음식 먹기, 남산 구경하기
일산호수공원	꽃구경하기, 산책하기, 근처 쇼핑센터에서 쇼핑하기

· 인터넷 **インターネット** · 추천하다 **推薦する** · 놀이 공원 **遊園地** · 롤러코스터 **ローラーコースター** · 불꽃놀이 **花火** · 꽃구경 **お花見**
· 강남역 **カンナム(江南)駅**

Part 2

준비합시다

01 -(으)ㄹ래요

45

두 사람은 여행 계획을 세우고 있습니다. 다른 사람의 의견을 물어볼 때 어떻게 말하면 좋을까요?

A 이번 휴가 때 어디에 갈래요? 바다로 갈래요?

B 네, 좋아요. 바다에서 회도 먹고 해수욕도 해요.

문법

V + (으)ㄹ래요

'-(으)ㄹ래요'はある出来事や選択について相手の意思や意向を尋ねるときに使用する。

子音 + 을래요　예 먹을래요
母音, ㄹ + ㄹ래요　예 갈래요, 만들래요

Tip 質問に対する答えに '-(으)ㄹ래요'を使用するときは、話者の意志や意思があることを表している。
예 A : 뭘 먹고 싶어요?　B : 저는 비빔밥을 먹을래요.

연습

다음은 여행과 관련된 질문입니다. '-(으)ㄹ래요'를 사용해서 물어보세요.

	질문	선택	
보기	가져가다	배낭	여행용 가방
①	타고 가다	기차	비행기
②	앉다	창가 자리	통로 자리
③	묵다	저렴한 호텔	시설이 좋은 호텔
④	구경하다	시내	유적지
⑤	기념품을 사다	시장	면세점

A 이번에 여행갈 때 어떤 가방을 가져갈래요? 배낭을 가져갈래요?

B 아니요. 여행용 가방을 가져갈래요.

- 회 サシミ
- 해수욕 海水浴
- 통로 廊下
- 저렴하다 安い
- 시설 施設
- 시내 市内
- 유적지 遺跡
- 기념품 記念品、土産品
- 면세점 免税店

02 -겠-

여러분의 결심을 말하려고 합니다. 이때 어떻게 말하면 좋을까요?

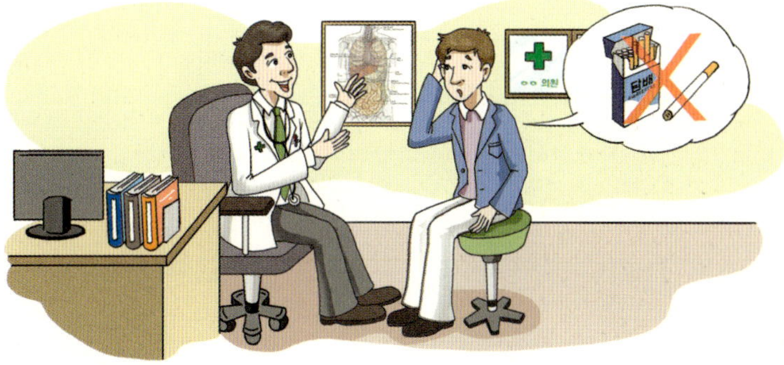

A 담배는 건강에 좋지 않습니다. 담배를 꼭 끊으세요.

B 네. 이번에는 담배를 꼭 끊겠습니다.

문법

V + 겠

'-겠-'は話者が何かをする意図や意志があることを表す表現だ。

가 + 겠습니다 → 가겠습니다　　읽 + 겠습니다 → 읽겠습니다

연습

다음은 새해 계획입니다. 다음 사람들이 되어서 '-겠-'을 사용해서 새해 계획을 말해 보세요.

보기 미셸

운전면허를 따다

① 장소이

세계 일주를 하다

② 율리아

살을 빼다

③ 박현미

장학금을 받다

④ 한준영

돈을 많이 모으다

⑤ 이치로

대기업에 취직하다

새해에는 꼭 운전면허를 따겠습니다.

- 건강 **健康**
- (담배를) 끊다 **切る、断つ文**
- 새해 **新年**
- 세계 일주 **世界一週**
- 모으다 **集める**
- 대기업 **大企業**

Part 2

들어 봅시다

관광 상품 소개하는 대화 듣기

01 여기는 어디입니까? 사람들은 보통 이곳에서 무엇을 합니까? 서로 이야기해 봅시다.

02 다음은 여행사 직원과 마이클 씨의 대화입니다. 잘 듣고 물음에 답하세요. 47

(1) 마이클 씨는 왜 여행사에 갔습니까?

① 관광 일정을 변경하려고　　② 예약한 관광 상품을 확인하려고

③ 서울 관광 상품을 알아보려고

(2) 다음은 '고궁 투어'와 '시내 투어'에 대한 관광 상품 안내지입니다. 빈칸에 관광 일정을 써 보세요.

고궁 투어	시내 투어
창경궁 구경하기	명동 구경하기
↓	↓
경복궁 구경하기	________
↓	↓
한복 입고 사진 찍기	케이블카 타기
↓	↓
________	서울타워에서 야경 보기

(3) 맞는 것에 ✓표 하세요.

① 고궁 투어와 시내 투어 모두 가이드가 있다.　네 ____ 아니요 ____

② 마이클 씨는 관광 상품을 바로 예약했다.　네 ____ 아니요 ____

③ 여행사에서 마이클 씨에게 이메일을 보낼 것이다.　네 ____ 아니요 ____

- 일정 日程、スケジュール
- 관광 상품 観光パッケージツアー
- 고궁 古宮
- 투어 ツアー
- 케이블카 ケーブルカー
- 서울타워 ソウルタワー
- 야경 夜景
- 가이드 ガイド

어휘

여행지에서 48

해수욕을 하다

일광욕을 하다

단풍 구경을 하다

벚꽃 구경을 하다

기념품을 사다

유명한 음식을 먹다

전통 공연을 보다

그림을 관람하다

유적지를 구경하다

Part 2 말해 봅시다

여행 계획 세우기

여러분은 친구와 함께 여행을 가려고 합니다. 여행 가서 무엇을 하고 싶습니까? 여행지, 일정, 구경할 것 등에 대한 계획을 세우세요.

Try it! 말풍선을 따라 대화를 구성해 보세요.

<table>
<tr><th></th><th>왕카이
친구와 여행을 가려고 합니다. 여행 장소, 일정, 구경할 것에 대한 계획을 친구와 세우세요.</th><th>이치로
여행 장소를 제안하고 거기에서 무엇을 할 수 있는지 이야기해 주세요. 그리고 친구와 여행 계획을 세우세요.</th></tr>
<tr><td>1. 여행지 제안하기</td><td>다음 주말 | 여행가기로 했다?
여행 계획을 세우다?</td><td>어디에 가고 싶다?
설악산에 가다?
아직 못 가 보다</td></tr>
<tr><td>2. 여행지에 대한 정보 주기</td><td>설악산 | 가다 + 보통 뭐?</td><td>단풍 구경을 하다
차를 타다 + 조금 가다 + 바다도 보다</td></tr>
<tr><td>3. 여행 일정 묻기</td><td>거기 | 가다 + 좋다
설악산 | 가다</td><td>거기 | 며칠 묵다?</td></tr>
<tr><td>4. 호텔 예약하기</td><td>2박 3일</td><td>주말 | 단풍 구경을 오다 |
사람들이 많다
빨리 호텔을 예약하다</td></tr>
<tr><td>5. 교통편 알아보기</td><td>제가 호텔을 예약하다
이치로 씨 | 버스를 알아보다</td><td></td></tr>
</table>

대화

49

왕카이 이치로 씨, 다음 주말에 여행가기로 했지요? 우리 지금 여행 계획을 세울까요?

이치로 네, 좋아요. 왕카이 씨는 어디에 가고 싶어요? 우리 설악산에 갈래요? 설악산에 아직 못 가 봤어요.

왕카이 그런데 설악산에 가면 보통 뭐 해요?

이치로 단풍 구경을 할 수 있어요. 그리고 차를 타고 조금 가면 바다도 볼 수 있어요.

왕카이 그래요? 거기에 가면 정말 좋겠어요. 설악산에 갑시다.

이치로 거기에서 며칠 묵을까요?

왕카이 2박 3일 정도가 좋겠어요.

이치로 그런데 주말에는 단풍 구경을 오는 사람들이 많을 거예요. 빨리 호텔을 예약합시다.

왕카이 네, 제가 호텔을 예약하겠어요. 이치로 씨는 버스를 알아봐 주세요.

표현

■ 여행 일정 묻고 답하기

A: 며칠 묵을까요?
얼마나 있을까요?
며칠 동안 묵을까요?
몇 박 며칠 있을까요?

B: 일주일이요.
하루면 돼요.
이틀 묵읍시다.
2박 3일 정도가 좋겠어요.

확장

친구와 여행을 갈 겁니다. 친구와 어디로, 언제 갈까요? 거기에서 무엇을 할까요? 계획을 세워 보세요.

여행지(일정)	할 수 있는 일
전주(1박 2일)	한옥 마을을 구경하다, 한지 공예를 해 보다, 전주비빔밥을 먹다
제주도(3박 4일)	한라산을 등산하다, 해수욕을 하다, 말을 타다, 회를 먹다

단풍 紅葉 · 알아보다 調べる,探る

Part 3

읽고 써 봅시다

기행문 읽고 쓰기

01 여기는 어디일까요? 이곳에 가면 무엇을 볼 수 있는지 이야기해 보세요.

02 다음은 왕카이 씨가 경주에 다녀와서 쓴 기행문입니다. 다음을 읽고 물음에 답하세요. 50

경주에 다녀와서

나는 이번 방학에 친구와 함께 경주에 갔다. 우리는 2박 3일 동안 경주를 여행하기로 하고 아침 일찍 서울을 떠났다.

경주에 도착한 후 친구가 "시내에 재미있는 게 있나요? 먼저 시내를 구경할래요?"라고 내게 물었다. 나는 고속버스 안에서 시간을 많이 보내서 피곤했기 때문에 "우리 호텔에 먼저 가서 짐을 풀고 좀 쉬어요."라고 말했다. 그래서 우리는 호텔에서 조금 쉬고 숙소 근처에 있는 호숫가에 갔다. 그곳으로 가는 중에 우리는 벚꽃 나무 밑에서 사진을 찍었다. 그리고 호숫가도 산책했다.

다음날 새벽에 해돋이를 보러 토함산에 갔다. 그곳에 벌써 사람들이 많이 있었다. 그런데 구름이 많이 껴서 해가 뜨는 모습을 볼 수 없었다. 정말 아쉬웠다. 우리는 그 다음에 토함산에 있는 불국사를 구경했다.

마지막 날 경주 시내에 있는 박물관을 구경했다. [A] 경주는 도시 전체에 여러 유적지와 문화재가 있기 때문에 구경할 게 아주 많은 곳이다. [B] 박물관에는 옛 물건들과 문화재가 아주 많았다. [C]

경주에는 더 구경할 곳이 많았지만 서울로 돌아가야 할 시간이 다 돼서 더 볼 수 없었다. 조금 아쉬웠지만 우리는 서울로 출발했다. 기회가 생기면 다시 경주에 가겠다.

- 기행문 紀行文
- 호숫가 湖岸
- 벚꽃 桜の花
- 해돋이 日の出
- 토함산 吐含山
- 구름이 끼다 雲がかかる
- 불국사 佛國寺
- 문화재 文化財
- 기회 機会
- 나흘 四日(間)

(1) 맞는 것에 ✔표 하세요.

① 나는 방학에 경주를 여행했다. 네 ______ 아니요 ______

② 나는 경주에서 나흘 동안 묵었다. 네 ______ 아니요 ______

③ 나는 경주의 유적지를 거의 다 구경했다. 네 ______ 아니요 ______

(2) 다음 내용은 A, B, C 중 어디에 들어가야 합니까?

> 그래서 우리는 유적지 중에서 가장 큰 왕의 무덤을 구경하고 박물관에 갔다.

① A　　② B　　③ C

(3) 다음 사진을 보고 왕카이 씨가 경주에서 무엇을 했는지 순서대로 번호를 쓰고 말해 보세요.

(1)　( )　( )　( )

03 여러분은 어디를 여행해 봤습니까? 가장 기억에 남는 곳은 어디였습니까? 그곳에 대한 기행문을 써 보세요.

(1) 여행한 곳을 다음에 메모해 보세요.

Ⅰ. 들어가는 말: ______
Ⅱ. 여행 일정: ______
　1. 첫째 날 ______
　2. 둘째 날 ______
Ⅲ. 여행한 후의 느낌: ______
Ⅳ. 맺는 말: ______

(2) 위의 메모를 보고 기행문을 써 보세요.

낭독

[보기]를 참고하여 '경음화(tensification)'에 주의하면서 글을 낭독하세요. 51

보기 갔다 [갇따], 숙소 [숙쏘]

> 우리는 먼저 호텔에 갔다. 호텔에서 짐을 풀고 숙소 근처에 있는 호숫가에 갔다. 그곳으로 가는 중에 우리는 벚꽃 나무 밑에서 사진을 찍었다. 그리고 호숫가도 산책했다.

문화 알아보기

한국의 숙박 문화

한국에는 다양한 숙박 시설이 있습니다. 주로 휴양지에서 자주 볼 수 있는 숙박 시설은 콘도, 펜션, 민박입니다.

콘도는 직접 음식을 해 먹을 수 있어서 가족끼리 여행할 때 주로 갑니다. 놀이 시설, 노래방, 슈퍼마켓, 식당과 같은 편의 시설도 있습니다. 펜션은 규모가 작지만 많은 사람이 이용하지 않기 때문에 콘도와 다르게 좀 더 조용하고 아늑하게 지낼 수 있는 장점이 있습니다. 민박은 휴가철에만 여행하는 사람들에게 방을 빌려 주는 것입니다. 민박은 시설이 좋지는 않지만 숙박비가 저렴하기 때문에 여행하는 사람들이 자주 찾습니다. 그리고 시골 사람들의 정을 느낄 수 있기 때문에 민박을 좋아하는 사람들도 많습니다.

韓国には様々な宿泊施設があります。主にリゾート地でよく見られる宿泊施設はコンドミニアム、ペンション、民泊です。

コンドミニアムでは自分達で料理ができるので家族水入らずで旅行するときによく利用します。レジャー施設やカラオケ、スーパーマーケット、食堂のような施設もあります。ペンションは規模が小さいけれど利用者が少ないので、コンドミニアムと違って静かにゆっくりと過ごすことができることが長所です。

民泊はバカンス･シーズンにだけ、旅行客に部屋を貸すことをいいます。民泊は施設は良くないけれども、宿泊費が安いので旅行客がよく利用します。そして、田舎の人々の情を味わうことができるので民泊が好きな人々も多いです。

01 한국의 휴양지에는 어떤 숙박 시설이 있습니까? 각각의 장점과 단점은 무엇입니까?

02 여러분 나라에는 어떤 숙박 시설이 있습니까? 서로 이야기해 보세요.

문학 맛보기

詩 선물

01 다음 물건을 보고 생각나는 것은 무엇입니까? 왜 그렇습니까? 서로 이야기해 보세요.

02 다음은 시 「선물」입니다. 이 사람은 무엇을 선물 받았고, 선물을 받은 후에 무엇을 느꼈는지 생각하면서 시를 낭송해 보세요. 52

선물

피천득(1910~2007)

너는 나에게 바다를 선물하였구나
네가 준 소라 껍질에서
파도 소리가 들린다.

너는 나에게 산을 선사하였구나
네가 준 단풍잎 속에서
붉게 타는 산을 본다.

너는 나에게 저 하늘을 선사하였구나
눈물 어린 네 눈은
물기 있는 별들이다.

『생명』, 동학사, 1993

03 여러분은 여행을 다녀온 후 가까운 사람들에게 어떤 선물을 합니까? 왜 그것을 주는지 이야기해 보세요.

소라 껍질 **サザエの殻**　파도 **波**　소리 **音**　선사하다 **贈る、プレゼントする**　단풍잎 **紅葉の葉**　붉게 타다 **真っ赤になる**
눈물 어리다 **涙ぐむ**　물기 **水気**

제5과

경험

経験

제 5 과 경험 経験

Part 1

준비합시다

01 -(는)군요

음식을 먹은 후에 맛이나 느낌을 말할 때 어떻게 말할까요?

A 장소이 씨, 이 식혜 좀 드세요. 식혜가 아주 시원해요.

B 정말 시원하고 맛있군요.

문법

A/V + (는)군요

'-(는)군요'は新しく知った事実を、驚くように話すとき使用する。主に話すときに、ある場面や状況を見たり聞いたりしたときに使用する。'-네요'を使うこともできる。

A + 군요 예 예쁘군요, 많군요　　V + 는군요 예 가는군요, 먹는군요
A/V + 았/었군요 예 예뻤군요, 갔군요　　N + (이)군요 예 의사군요, 학생이군요

연습

다음 상황을 보고 '-(는)군요'를 사용해서 말해 보세요.

보기

단풍이 멋있다

①

한복이 화려하다

②

밖에 눈이 오다

③

감기에 걸렸다

④

오늘 왕카이 씨 생일이다

식혜 シッケ(米と麦芽を発酵させた甘酒のようなお茶)
화려하다 華やかだ、派手だ

02 -(으)ㄴ 적이 있다

54

여러분은 과거에 어떤 경험을 했습니까? 과거의 경험을 말할 때 어떻게 표현할까요?

A 왕카이 씨, 한라산에 가 본 적이 있어요?

B 아니요, 한 번도 가 본 적이 없어요.

문법

V + (으)ㄴ 적이 있다

'-(으)ㄴ 적이 있다'は過去に経験したことがあるかないかを表すときに使用する。

子音 + 은 적이 있다 　예 먹은 적이 있다
母音, ㄹ + ㄴ 적이 있다 　예 간 적이 있다, 산 적이 있다

연습

다음은 여러분의 고등학교 때 경험을 묻는 설문지입니다. '-(으)ㄴ 적이 있다', '-(으)ㄴ 적이 없다'를 사용해서 말해 보세요.

	질문	대답	
보기	술을 마셨습니까?	☑ 네	☐ 아니요
①	1등을 했습니까?	☐ 네	☑ 아니요
②	성인 영화를 봤습니까?	☑ 네	☐ 아니요
③	외모 때문에 고민을 했습니까?	☑ 네	☐ 아니요
④	혼자서 멀리 여행을 했습니까?	☐ 네	☑ 아니요
⑤	학교에 가기 싫어서 안 갔습니까?	☐ 네	☑ 아니요

A 고등학교 때 술을 마신 적이 있습니까?

B 네, 술을 마신 적이 있습니다. 수학여행 때 마셔 봤습니다.

· 성인 영화 **成人映画**
· 외모 **外見**
· 고민을 하다 **悩む**
· 수학여행 **修学旅行**

어휘

회사 종류

항공사

여행사

잡지사

증권 회사

광고 회사

방송사

면접시험

긴장이 되다

면접시험을 보다

결과를 기다리다

Part 1

들어 봅시다

회사에서 면접하는 대화 듣기

01 여기는 어디일까요? 다음 사람들은 무엇을 하고 있습니까? 서로 이야기해 보세요.

02 요코 씨는 면접시험을 보고 있습니다. 잘 듣고 물음에 답하세요. 56

(1) 다음은 요코 씨의 면접 결과를 표시한 것입니다. 요코 씨의 경험과 능력에 ✔표 하고 희망하는 일을 써 보세요.

면접 결과

지원자: 야마다 요코 날짜: 9월 3일

경험	외국어 능력
☐ 봉사 활동을 한 적이 있다.	☐ 한국어
☐ 호텔에서 일한 적이 있다.	☐ 영어
☐ 여행사에서 일한 적이 있다.	☐ 중국어
☐ 번역 아르바이트를 한 적이 있다.	

희망하는 일 ____________________

(2) 맞는 것에 ✔표 하세요.

① 요코 씨는 한국에 온 지 아직 6개월이 안 되었다. 네 ____ 아니요 ____

② 한국에서 공부할 때 호텔에 관심이 생겼다. 네 ____ 아니요 ____

③ 요코 씨는 호텔에 취직이 되었다. 네 ____ 아니요 ____

- 면접 面接
- 결과 結果
- 지원자 志願者
- 능력 能力
- 봉사 활동 ボランティア活動
- 번역 翻訳
- 희망하다 希望

Part 1

말해 봅시다

아르바이트 경험 말하기

친구가 아르바이트를 찾고 있습니다. 지금까지 어떤 아르바이트를 했는지 물어보고 자신의 경험도 이야기해 보세요.

Try it!

말풍선을 따라 대화를 구성해 보세요.

	나타샤 친구에게 자신의 아르바이트 경험을 말하고 친구가 하고 싶어하는 아르바이트에 대해 알려 주세요.	한준영 친구에게 아르바이트 경험을 물어보세요. 그리고 이번에 하고 싶은 아르바이트에 대해서도 이야기하세요.
1. 하고 있는 일 묻고 답하기	뭐 하다?	아르바이트 자리를 찾고 있다 나타샤 씨 | **아르바이트를 하다?**
2. 아르바이트 경험 말하기	대학교 때 신발 가게 | 점원 | **일하다** 대학교 졸업 후 | 외국 관광객들 | 관광 안내 | 했다 + 학원 | 영어 | 가르쳐 봤다	아르바이트 | 많이 **했다** 저 | 방학 때 아르바이트를 했다 극장에서 **안내하다** + 스키장에서 스키를 **가르치다**
3. 상대방 경험에 대한 느낌 말하기	스키도 타다 + 돈도 벌 수 있다 + **좋았겠다**	재미있었다
4. 하고 싶은 아르바이트 묻기	이번 방학 | 어떤 아르바이트?	아이들 | 영어를 가르쳐 보다 그 아르바이트 어떻다?
5. 아르바이트에 대해 알려 주기	가르치는 것 | 재미있다 + 영어 공부 | 계속 할 수 있다 + 좋다	

대화

57

나타샤 준영 씨, 뭐 하고 있어요?

한준영 인터넷에서 아르바이트 자리를 찾고 있어요.
나타샤 씨는 아르바이트를 한 적이 있어요?

나타샤 그럼요. 대학교 때 신발 가게에서 점원으로 일한 적이 있어요.
대학교 졸업 후에는 외국 관광객들에게 관광 안내도 했고 학원에서 영어도 가르쳐 봤어요.

한준영 나타샤 씨도 아르바이트를 많이 했군요. 저도 방학 때 아르바이트를 했어요. 극장에서 안내한 적도 있고, 스키장에서 스키를 가르친 적도 있어요.

나타샤 스키도 타고 돈도 벌 수 있어서 좋았겠군요.

한준영 네, 재미있었어요.

나타샤 그런데 준영 씨, 이번 방학에는 어떤 아르바이트를 하고 싶어요?

한준영 저도 아이들에게 영어를 가르쳐 보고 싶어요. 그 아르바이트 어때요?

나타샤 가르치는 것도 재미있고 영어 공부도 계속 할 수 있어서 좋아요.

표현

- 아르바이트 경험 묻고 답하기

A: 아르바이트로 뭐 해 봤어요?
무슨 아르바이트를 해 봤어요?
어떤 아르바이트를 한 적이 있어요?

B: 관광 안내를 한 적이 있어요.
영어 가르치는 일을 해 봤어요.
신발 가게에서 아르바이트를 했어요.

확장

여러분 친구에게 어떤 아르바이트 경험이 있는지 물어보고 자신의 경험도 이야기해 주세요. 그리고 친구에게 좋은 아르바이트를 권해 보세요.

아르바이트 경험	하고 싶은 아르바이트
주차 안내하기, 신문 배달하기, 식당에서 일하기	병원에서 서류 정리하기, 홈페이지 만들기
커피 전문점에서 일하기	컴퓨터 회사에서 일하기

· 신발 **くつ** · 점원 **店員** · 관광객 **観光客** · 안내하다 **案内する** · 학원 **学院** · 돈을 벌다 **金を稼ぐ**

Part 2

준비합시다

01 -는 동안

어떤 행동이 지속되는 상황을 말할 때 어떻게 이야기하면 좋을까요?

A 마이클 씨, 영화를 보는 동안 휴대 전화를 꺼야 돼요.

B 네, 지금 끌게요.

문법

V + 는 동안

'-는 동안'はある行動や状態が続く時間を表すとき使用する。

가 + 는 동안 → 가는 동안　　먹 + 는 동안 → 먹는 동안　　살 + 는 동안 → 사는 동안

연습

다음을 보고 '-는 동안'을 사용해서 말해 보세요.

	행동 1	행동 2
보기	리처드 씨는 친구를 기다리다	커피를 마시다
①	나타샤 씨는 머리를 자르다	잡지를 읽다
②	미셸 씨는 친구 이야기를 듣다	계속 눈물이 났다
③	장소이 씨는 한국에서 살다	친구를 많이 사귀었다
④	제가 음식을 만들다	동생이 아기를 돌봐 주었다
⑤	제가 이야기를 하다	잠깐만 기다리세요

리처드 씨는 친구를 기다리는 동안 커피를 마십니다.

- 눈물이 나다 **涙が出る**
- 돌보다 **世話をする**

02 -거든요

59

여러분은 친한 친구나 동료에게 간단하게 이유만을 강조해서 말할 때 어떻게 합니까?

A 마이클 씨, 그거 무슨 케이크예요?

B 생일 케이크예요. 오늘 회사 동료의 생일 파티가 있거든요.

문법

A/V + 거든요

'-거든요'は質問に対して答えたり、前の内容に対して理由を説明するように話すときに使用する。

피곤하 + 거든요 → 피곤하거든요　　춥 + 거든요 → 춥거든요
가 + 거든요 → 가거든요　　먹 + 거든요 → 먹거든요

연습

해야 하는 일과 그 이유를 골라 연결하세요. '-거든요'를 사용해서 말해 보세요.

	해야 하는 일		이유
보기	공항에 가야 하다	● ———— ●	부모님이 한국에 오시다
①	집에서 쉴 것이다	• •	내일까지 숙제를 내야 하다
②	쓰기 숙제를 해야 하다	• •	어제 잠을 못 잤다
③	도서관에 가야 하다	• •	영화 표를 예매했다
④	영화를 보러 갈 것이다	• •	다음 주에 시험이 있다
⑤	병원에 갈 것이다	• •	감기에 걸렸다

A 오늘 수업 후에 같이 점심을 먹을래요?

B 미안해요. 오늘은 수업이 끝난 후에 공항에 가야 해요. 부모님이 한국에 오시거든요.

03 -(으)니까

어떤 일에 대해 자신이 생각하는 이유를 말할 때 어떻게 말할까요?

A 이번 여름 방학에 바다에 가는 게 어때요?

B 여름에는 바다에 사람이 많으니까 산으로 갑시다.

문법

A/V + (으)니까

'-(으)니까'は前の内容が後文の理由や根拠であることを表すとき使用する。主に '-(으)ㅂ시다', '-(으)세요'とともに使う。

子音 + 으니까　예 먹으니까, 먹었으니까, 많으니까, 많았으니까
母音, ㄹ + 니까　예 싸니까, 가니까, 머니까, 만드니까

연습

친구들에게 여행을 제안합니다. '-(으)니까'를 사용해서 말해 보세요.

		이유	제안
보기	언제	주말에 수업이 없다	토요일에 가다
①	어디에	경주는 구경할 것이 많다	경주에 가다
②	누구와	미셸이 한국어를 잘하다	미셸과 같이 가다
③	어디에서	기차역은 복잡하다	기숙사 앞에서 만나다
④	어떻게	주말에 길이 막히다	기차로 가다
⑤	무엇을	길을 잘 모르다	지도를 가져가다

A 언제 여행을 갈까요?

B 주말에 수업이 없으니까 토요일에 갑시다.

들어 봅시다

식당에 간 경험에 대한 대화 듣기

01 다음 사람들은 무엇을 하고 있습니까? 서로 이야기해 보세요.

02 다음은 장소이 씨와 티엔 씨의 대화입니다. 잘 듣고 물음에 답하세요. 61

(1) 장소이 씨는 지난주 금요일에 왜 식당에 갔습니까?

______________________________.

(2) 장소이 씨가 간 식당의 설명으로 맞는 것은 무엇입니까?

① 사람들이 많아서 시끄러웠다.

② 직원들이 멋진 음악을 연주했다.

③ 서울 시내의 야경을 구경할 수 있었다.

(3) 장소이 씨가 식당에서 받은 서비스가 아닌 것은 무엇입니까?

① 포도주를 무료로 주었다.

② 생일 케이크를 만들어 주었다.

③ 직원들이 생일 축하 노래를 해 주었다.

(4) 맞는 것에 ✔표 하세요.

① 장소이 씨가 간 식당의 음식 값은 비쌌다. 네 ____ 아니요 ____

② 장소이 씨는 식당에서 할인 쿠폰을 받았다. 네 ____ 아니요 ____

③ 장소이 씨와 티엔 씨는 다음에 같이 식당에 갈 것이다. 네 ____ 아니요 ____

- 시끄럽다 **うるさい**
- 멋지다 **素晴らしい**
- 직원 **職員**
- 할인 쿠폰 **割引クーポン**

Part 2

말해 봅시다

한국 생활에 대해 조언하기

한국에 온 지 얼마 안 된 친구가 한국 생활에 대해 궁금한 것이 많습니다. 무엇이 궁금한지 묻고 조언해 주세요.

Try it!

말풍선을 따라 대화를 구성해 보세요.

	나타샤 친구에게 한국 생활에 대해 묻고 친구가 모르는 정보를 알려 주세요.	티엔 친구에게 한국 생활에 대한 궁금한 점을 물어보세요.
1. 한국 생활에 대해 묻기	인사 한국 생활?	한국에 오다 | 얼마 안 되다 + 모르는 게 많다 한국에서 오래 살았다? 겨울 날씨?
2. 한국 날씨에 맞는 옷 조언하기	눈이 많이 오다 + 춥다 한국에서 **지내다** | 외투와 장갑과 목도리는 **필요하다** + 준비하다	베트남 | 겨울옷 | 안 가져왔다 어디에서 사다?
3. 쇼핑 정보 주기	할인 마트나 시장 | 사다 백화점은 **비싸다**	할인 마트 | 어디?
4. 쇼핑 장소의 위치 말하기	신촌역 근처 걸어서 5분 걸리다	한번 가 보다 고맙다
5. 인사하기	모르는 게 있다 + 언제든지 물어보다	

대화

62

나타샤 안녕하세요? 티엔 씨, 한국 생활은 어때요?

티엔 한국에 온 지 얼마 안 돼서 아직 모르는 게 많아요.
나타샤 씨, 한국에서 오래 살았지요? 겨울 날씨는 어때요?

나타샤 겨울에는 눈이 많이 오고 정말 추워요. 한국에서 지내는 동안 두꺼운 외투와 장갑과 목도리는 꼭 필요하니까 준비하세요.

티엔 그래요? 베트남에서 겨울옷을 안 가져왔어요. 어디에서 사면 좋아요?

나타샤 보통 할인 마트나 시장에서 사요. 백화점은 좀 비싸거든요.

티엔 그렇군요. 할인 마트는 어디에 있어요?

나타샤 신촌역 근처에 있어요. 걸어서 5분쯤 걸려요.

티엔 그렇군요. 한번 가 볼게요. 고마워요.

나타샤 아니에요. 모르는 게 있으면 언제든지 물어보세요.

표현

■ 어떤 일에 대해 아는 정도 표현하기

다 알아요.
하나도 몰라요.
별로 아는 게 없어요.
아직 모르는 게 많아요.
들어서 어느 정도는 알고 있어요.

확장

여러분의 친구가 한국 생활에 대해 조언을 구합니다. 한국의 날씨, 물가, 교통 등에 대해 친구에게 이야기해 주세요.

	한국 생활 정보	조언
날씨	여름에 장마가 있다	장마철에 우산을 가지고 다니다
교통	출근 시간에 길이 많이 막히다	지하철을 이용하다 출퇴근 시간을 피하다

· 외투 **オーバー** · 장갑 **手袋** · 목도리 **マフラー** · 할인 마트 **割引マート、スーパー**

Part 3

읽고 써 봅시다

경험담 읽고 쓰기

01 여러분은 다음과 같은 상황을 어떻게 생각합니까? 여러분의 생각을 이야기해 보세요.

02 다음은 말하기 시간에 마이클 씨가 발표한 내용입니다. 다음을 읽고 물음에 답하세요. 63

시원하다?

여러분! 여러분은 운동을 한 후에 시원한 음료수를 마시면 뭐라고 말합니까? 아마 "시원해요."라고 말할 겁니다. 우리가 알고 있는 '시원하다'에 맞는 것은 냉장고에서 꺼낸 맥주나 콜라, 에어컨의 찬바람 같은 것입니다.

그런데 저는 얼마 전에 이상한 경험을 했습니다. 어느 날 저는 대중목욕탕에 갔습니다. 거기에서 아저씨 한 분이 물에 들어갈 때 "아, 시원하다."라고 하는 말을 듣고 저도 물에 들어갔습니다. 그 순간 저는 깜짝 놀라서 "앗! 뜨거워."라고 소리를 질렀습니다. 물이 정말 뜨거웠거든요.

비슷한 일이 또 있었습니다. 우리 반 친구와 같이 밥을 먹으러 식당에 갔습니다. 친구와 밥을 먹는 동안 옆 테이블에 앉은 사람이 뜨거운 국물을 마실 때 "아, 시원하다."라고 말했습니다. 분명히 그 국은 뜨거운 국물이었습니다. 정말 이상했습니다. 제가 배운 '시원하다'는 차가운 것을 의미합니다. 그런데 왜 한국 사람들은 뜨거운 것을 '시원하다'라고 말할까요? 여러분은 이런 일을 경험한 적이 있습니까?

저는 한국에 온 지 얼마 안 됐으니까 당연히 한국말을 잘하지 못합니다. 앞으로 한국말을 배우는 동안 지금은 이해하지 못한 한국 사람들의 생각과 한국 문화를 조금씩 이해하고 싶습니다.

- 시원하다 涼しい、冷たい、さっぱりしている
- 꺼내다 出す
- 찬바람 冷たい風
- 이상하다 おかしい
- 대중목욕탕 銭湯、大衆浴場
- 뜨겁다 熱い
- 소리를 지르다 声を張り上げる、叫ぶ
- 분명히 明確に
- 차갑다 冷たい
- 의미하다 意味する
- 당연히 当然
- 조금씩 少しずつ
- 밀리다 たまる、滞る
- 밀린 빨래 たまっている洗濯物

(1) 마이클 씨가 생각하는 '시원하다'의 의미에 해당되는 것은 무엇입니까?

① 밀린 빨래를 다 했다.　　② 삼계탕 국물을 마신다.

③ 냉장고에서 꺼낸 수박을 먹는다.

(2) 맞는 것에 ✔표 하세요.

① 아저씨는 마이클 씨에게 "물이 차가워요."라고 말해 주었다. 네 _____ 아니요 _____

② 마이클 씨는 '시원하다'의 여러 의미를 다 알지 못했다. 네 _____ 아니요 _____

(3) 그림을 보고 어떤 상황인지 설명해 보세요.

03 여러분이 한국에서 경험한 일을 써 보세요.

(1) 여러분은 한국에 와서 많은 경험을 했을 겁니다. 그중에서 여러분 나라와 다른 경험을 한 적이 있습니까? 여러분의 경험을 메모해 보세요.

Ⅰ. 들어가는 말: ____________________

Ⅱ. 경험한 일: ____________________

1. ____________________

2. ____________________

Ⅲ. 맺는 말: ____________________

(2) 위 메모를 바탕으로 한국에서 경험한 일을 써 보세요.

낭독

[보기]를 참고하여 '비음화(nasalization)'에 주의하면서 글을 낭독하세요. 64

보기 국물 [궁물], 한국말 [한궁말]

친구와 밥을 먹는 동안 옆 테이블에 앉은 사람이 뜨거운 국물을 마시면서 "아, 시원하다."라고 말했습니다. 분명히 그 국은 뜨거운 국물이었습니다. 저는 아직 한국말을 잘 못합니다. 한국말을 배우는 동안 지금은 이해하지 못한 한국 사람들의 생각과 한국 문화를 조금씩 이해하고 싶습니다.

문화 알아보기

한국 대학생들이 선호하는 직업

여러분은 어떤 직업을 갖고 싶습니까? 직업을 선택할 때 가장 중요하게 생각하는 것은 무엇입니까? 한국의 대학생 6천 명을 대상으로 조사한 결과 가장 선호하는 직업으로 안정성이 높은 공무원이 1위를 차지했습니다. 다음으로는 대기업 직원, 교사, 컴퓨터 프로그래머, 광고 전문가 등이었습니다. 그밖에는 교수, 최고 경영자, 멀티미디어 디자이너, 기자 등이었습니다.

한국 대학생들의 선호 직업

순위	선호 직업
1위	공무원
2위	대기업 직원
3위	교사
4위	컴퓨터 프로그래머
5위	광고, 홍보 전문가

공무원에 대한 선호도는 여학생들보다 남학생들이 더 높았습니다. 남학생들은 공무원을 1순위로, 대기업 직원과 컴퓨터 프로그래머를 그 다음으로 선택했습니다.

직업을 선택할 때 가장 중요하게 생각하는 것은 적성이었고, 직업의 안정성이 연봉이나 근로 조건보다 중요하다고 대답했습니다.

皆さんはどんな職業に就いていますか。職業を選択するとき最も重要なことは何でしょうか。韓国の大学生6千名に調査した結果、最も好まれる職業は安定性が高い公務員が1位を占めました。次は大企業の社員、教師、コンピュータ·プログラマー、広告の専門家などでした。その他には教授、最高経営者(CEO)、マルチメディア·デザイナー、 記者などでした。

公務員に対する好感度は女子学生より男子学生の方がより高く、男子学生は公務員を1位に選び、大企業の社員とコンピュータ·プログラマーをその次に挙げました。

職業を選択するとき最も重要なことは適正や専攻などで、職業の安定性は年俸や勤労条件より重要だと考えると答えました。

01 한국의 대학생들이 선호하는 직업은 무엇입니까? 또 직업을 선택할 때 무엇을 가장 중요하게 생각합니까?

02 여러분 나라의 대학생들이 선호하는 직업은 무엇입니까? 서로 이야기해 보세요.

문학 맛보기

詩 너를 기다리는 동안

01 다음을 보고 어떤 상황인지, 이때의 감정은 어떨지 이야기해 보세요.

02 다음은 시 「너를 기다리는 동안」입니다. 기다리는 사람의 마음, 감정을 생각하며 낭송해 보세요. 65

너를 기다리는 동안

황지우(1952~)

네가 오기로 한 그 자리에
내가 미리 가 너를 기다리는 동안
다가오는 모든 발자국은
내 가슴에 쿵쿵거린다.
바스락거리는 나뭇잎 하나도 다 내게 온다.
기다려 본 적이 있는 사람은 안다.
세상에서 기다리는 일처럼 가슴 에리는 일 있을까.
네가 오기로 한 그 자리, 내가 미리 와 있는 이곳에서
문을 열고 들어오는 모든 사람이
너였다가
너였다가, 너일 것이었다가
다시 문이 닫힌다.

(후략)

『게눈 속의 연꽃』, 문학과 지성사, 1990

03 여러분은 소식, 사랑, 기회 등을 기다려 본 적이 있습니까? 그것을 기다릴 때의 느낌은 어떻습니까? 기다린 경험을 서로 이야기해 보세요.

미리 前もって　다가오다 近づく、迫る　발자국 足跡　쿵쿵거리다 ドキドキする、どしんどしんと音をたてる
바스락거리다 かさかさと音を立てる　나뭇잎 木の葉　에리다(아리다) ひりひりする　와 있다 来ている　닫히다 閉まる、閉ざされる
후략 後略

제6과

건강

健康

제 6 과 건강 健康

Part 1

준비합시다 — **1** −도록 **2** −(으)려면

들어 봅시다 — 전화로 진료 예약하기
電話で診療の予約をする

말해 봅시다 — 병원에서 증상 말하기
病院で症状を話す

Part 2

준비합시다 — **1** −기 위해서 **2** −거나 **3** −아/어서

들어 봅시다 — 독감 예방을 위한 방송 듣기
インフルエンザ予防のための放送を聞く

말해 봅시다 — 다이어트 방법 조언하기
ダイエットの方法をアドバイスする

Part 3

읽고 써 봅시다 — 신문 기사 읽고 건강 수칙 쓰기
新聞記事を読んで健康の心得を書く

CULTURE & LITERATURE

문화 알아보기 — 인삼, 꿀, 보약 朝鮮人参、蜂蜜、補薬

문학 맛보기 — 전래동화 伝承童話「토끼와 거북이」

Part 1

준비합시다

01 -도록

66

친구에게 감기에 걸리지 않는 방법을 조언해 줄 때 어떻게 말할까요?

A 요즘 아침저녁으로 날씨가 쌀쌀해요.

B 맞아요. 감기에 걸리지 않도록 옷을 더 입으세요.

문법

A/V + 도록

'-도록'は後に来る行為の目的や基準などを知らせ、指示したり頼むときに使用する。一部、形容詞にも使用することができる。

피곤하지 않 + 도록 → 피곤하지 않도록　　먹 + 도록 → 먹도록

연습

친구가 몸이 좋지 않아서 적당한 방법을 조언하려고 합니다. '-도록'을 사용해서 말해 보세요.

	상황	목적	해야 할 것
보기	독감에 걸렸다	독감이 빨리 낫다	약을 챙겨 먹다
①	밤에 잠을 못 자다	푹 잘 수 있다	포도주를 한 잔 마시다
②	요즘 소화가 잘 안 되다	소화가 잘 되다	커피나 기름진 음식을 피하다
③	칼에 손을 베었다	상처가 덧나지 않다	소독약을 바르다
④	오래 서 있어서 다리가 부었다	다리가 붓지 않다	따뜻한 물로 마사지하다
⑤	컴퓨터를 많이 해서 눈이 피곤하다	눈이 피곤하지 않다	컴퓨터를 끄고 쉬다

A 티엔 씨, 왜 그래요? 어디 아파요?

B 네. 독감에 걸렸어요.

A 그래요? 독감이 빨리 낫도록 약을 챙겨 드세요.

- 독감 インフルエンザ
- 챙겨 먹다 そのつど忘れずに飲む(食べる)
- 푹 ぐっすり、ゆっくり
- 소화가 되다 消化がいい
- 기름지다 油っこい
- 칼 刀や包丁などの刃物
- 베다 切る
- 상처 傷
- 덧나다 悪化する
- 소독약 消毒薬
- 바르다 塗る
- 서 있다 立っている
- 마사지하다 マッサージする

02 -(으)려면

67

여러분이 아파서 병원에 갔습니다. 진료를 받는 것을 가정해서 말할 때 어떻게 말하면 좋을까요?

A 배가 아파서 왔어요. 바로 진료받을 수 있어요?

B 아니요. 진료를 받으시려면 30분 기다리셔야 합니다.

문법

V + (으)려면

'-(으)려면'はあることをする意図や意向がある場合を仮定するとき使用する。

子音 + 으려면 예 받으려면

母音, ㄹ + 려면 예 빼려면, 살려면

연습

여러분의 친구가 다음과 같은 일을 계획하고 있습니다. '-(으)려면'을 사용해서 말해 보세요.

	의도	해야 할 일
보기	살을 빼다	꾸준히 운동하다, 음식 양을 줄이다
①	가구를 싸게 사다	가구 시장에 가 보다, 생활 정보지를 찾아보다
②	3,000만 원을 모으다	돈을 절약하다, 카드 사용을 줄이다
③	좋은 일자리를 구하다	아르바이트 경험을 쌓다, 외국어 공부를 하다
④	사진을 잘 찍다	사진 찍는 방법을 배우다, 좋은 사진기도 사다
⑤	밥을 잘 짓다	물의 양을 잘 맞추다, 불을 잘 조절하다

A 어떻게 하면 살을 뺄 수 있어요?

B 살을 빼려면 꾸준히 운동하고 음식 양을 줄이세요.

- 진료받다 **診療を受ける**
- 꾸준히 **倦まず弛まず**
- 생활 정보지 **生活情報誌**
- 절약하다 **節約する**
- 줄이다 **減らす、切り詰める**
- 일자리 **勤め口、職場**
- 경험을 쌓다 **経験を積む**

Part 1

들어 봅시다

전화로 진료 예약하기

01 박현미 씨는 어디에 전화하고 있습니까? 무슨 일로 전화할까요? 서로 이야기해 보세요.

02 다음은 박현미 씨가 병원 진료를 예약하는 대화입니다. 잘 듣고 물음에 답하세요.

(1) 박현미 씨는 왜 오늘 진료를 받을 수 없습니까?

① 의사가 수술을 해야 해서

② 예약 환자가 너무 많아서

③ 의사가 진료를 하지 않아서

(2) 맞는 것에 ✔표 하세요.

① 박현미 씨는 금요일 4시에 진료를 받을 것이다.	네 ______	아니요 ______
② 박현미 씨는 얼굴을 다쳐서 진료를 받으려고 한다.	네 ______	아니요 ______
③ 진료 예약 시간에 늦으면 세 시간을 기다려야 한다.	네 ______	아니요 ______

(3) 박현미 씨가 진료를 받을 때 지켜야 할 것으로 맞는 것은 무엇입니까?

① 예약 취소는 전화로 해야 한다.

② 얼굴에 화장을 하고 가면 안 된다.

③ 진료 받는 날에 예약 취소를 할 수 없다.

④ 예약한 시간에 늦으면 진료 받을 수 없다.

- 수술 **手術**
- 다치다 **けがをする**
- 화장 **化粧**
- 취소 **取り消し**

어휘

병

69

두통

편두통

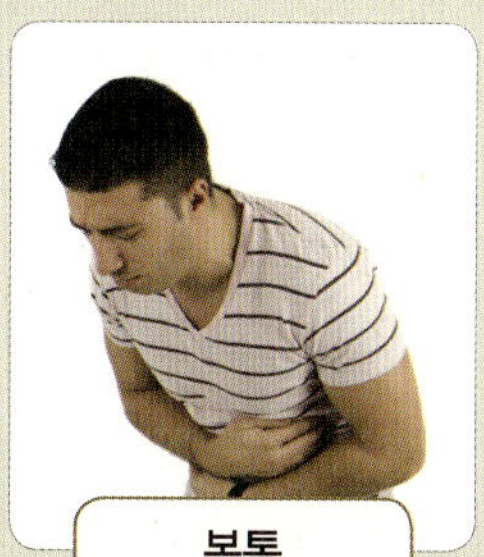
복통

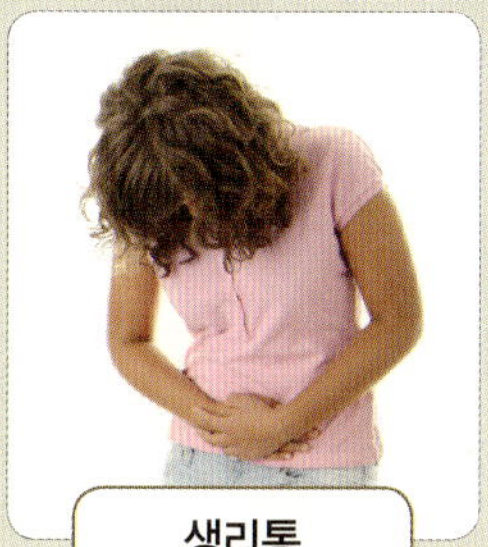
생리통

치통

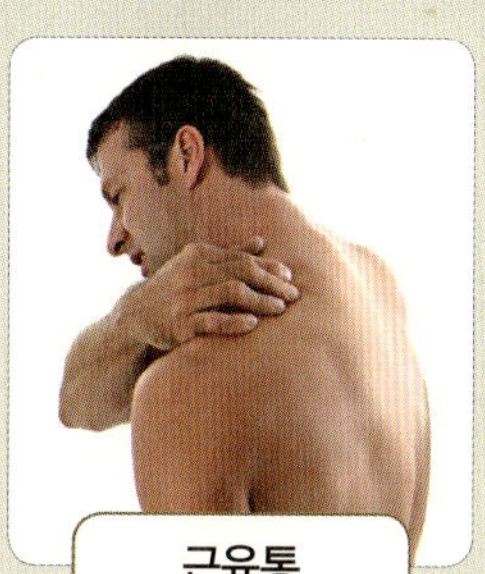
근육통

증상

열이 나다

기침이 나다

재채기가 나다

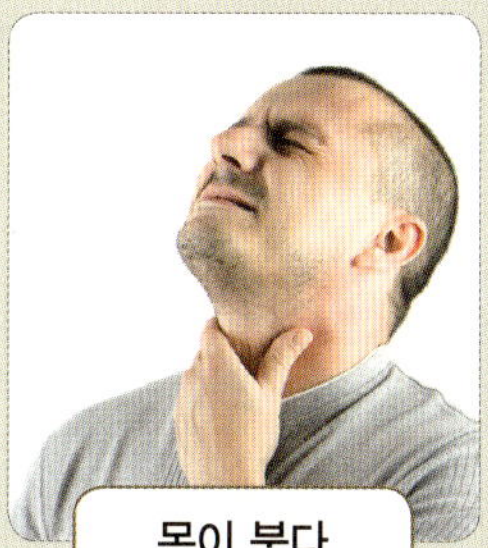
목이 붓다

콧물이 나다

코가 막히다

Part 1 말해 봅시다

병원에서 증상 말하기

여러분은 아파서 병원에 갔습니다. 병원에 가서 증상을 말하고 처방을 받으세요.

Try it! 말풍선을 따라 대화를 구성해 보세요.

	의사 환자에게 증상을 묻고 약 먹는 방법, 주의 사항에 대해서 이야기하세요.	**티엔** 감기에 걸려서 병원에 갔습니다. 증상을 말하고 약을 먹는 방법을 물어보세요.
1. 증상 묻고 답하기	어서 오세요 어디가 아프다?	머리가 아프다 + 열이 나다
2. 다른 증상 묻고 답하기	기침은 안 하다?	기침은 안 하다 + 목이 아프다 콧물 ㅣ 나다
3. 병명 말하고 증상 시작 시기 묻고 답하기	어디 보다 목이 많이 붓다 감기이다 언제부터 이런 증상?	2, 3일 전 어떻게?
4. 치료 방법 답하고 약 먹는 방법 묻기	아직 심한 편 ㅣ 아니다 + 약을 이틀 정도 먹으면 낫다 목이 **건조하지 않다** + 따뜻한 물을 많이 마시다	약은 식사 후?
5. 약 먹는 방법과 주의 사항 말하기	○ 물약 ㅣ 목이 아프다 ㅣ 먹다 감기가 빨리 **낫다** + 쉬는 게 중요하다 + 푹 쉬다	감사

대화

의사 어서 오세요. 어디가 아프세요?
티엔 머리가 아프고 열이 나요.
의사 기침은 안 하세요?
티엔 기침은 안 하지만 목이 좀 아파요. 콧물도 좀 나고요.
의사 어디 봅시다. (진찰 후) 목도 많이 부었군요. 감기예요. 언제부터 이런 증상이 있었어요?
티엔 한 2, 3일 전부터요. 어떻게 해야 돼요?
의사 아직 심한 편은 아니니까 약을 이틀 정도 먹으면 나을 겁니다. 그리고 목이 건조하지 않도록 따뜻한 물을 많이 드세요.
티엔 네, 알겠습니다. 약은 식사 후에 먹으면 돼요?
의사 네. 그리고 물약은 목이 아플 때 드시면 됩니다. 감기가 빨리 나으려면 무엇보다 쉬는 게 중요하니까 푹 쉬세요.
티엔 네, 알겠습니다. 감사합니다.

70

표현

■ 환자의 증상 묻기

어디가 아프세요?
증상이 어떻습니까?
어떤 증상이 있습니까?
어디가 아파서 오셨습니까?
그 외에 또 다른 증상은 없습니까?

■ 약 먹는 방법 묻고 답하기

A: 약은 어떻게 먹어요?
약은 하루에 몇 번 먹어요?
B: 식사 후에 드세요.
식후 30분에 드세요.
하루에 3번 드세요.
증상이 있을 때 드세요.

확장

몸이 아파서 병원에 갔습니다. 의사에게 증상을 이야기하고, 약 먹는 방법과 주의 사항에 대해 물어보세요. 그리고 처방을 받으세요.

증상	약 먹는 방법	주의 사항
기침을 하다 열이 높다	하루에 2번 식후 30분	가습기를 켜다 사람 많은 곳을 피하다
배탈이 나서 토하다	하루에 3번	따뜻한 보리차를 마시다, 죽을 먹다

· 증상 症状 · 기침을 하다 せきをする · 진찰 診察 · 한 (数詞に付いて)およそ · 심한 편 重い方 · 정도 程度 · 건조하다 乾燥する
· 물약 シロップ

Part 2

준비합시다

01 -기 위해(서)

71

어떤 일을 하는 목적을 이야기하려고 할 때 어떻게 말할까요?

요즘 몸이 약해졌습니다. 건강을 되찾기 위해서 운동을 시작했습니다.

문법

V + 기 위해(서)

'-기 위해서'はあることをする目的や意図を表すときに使用する。

만나 + 기 위해(서) → 만나기 위해(서)　　받 + 기 위해(서) → 받기 위해(서)

Tip 名詞が前にくる場合は'N + 을/를 위해(서)'と使う。
예 어머니 + 를 위해(서) → 어머니를 위해(서)　　건강 + 을 위해(서) → 건강을 위해(서)

연습

목적이 있어서 어떤 일을 할 때 어떻게 말할까요? '-기 위해(서)'를 사용해서 말해 보세요.

	상황	목적	하는 일
보기	건망증이 심하다	잊어버리지 않다	수첩에 메모를 하다
①	독감이 유행이다	예방 주사를 맞다	병원에 갔다
②	요즘 길이 많이 막히다	늦지 않다	30분 일찍 집에서 나오다
③	1등에게 장학금을 주다	1등하다	매일 열심히 공부했다
④	환경 문제가 심각하다	환경을 지키다	종이컵을 사용하지 않다
⑤	한국에서 공부하고 싶었다	한국에 유학을 오다	한국어를 열심히 공부했다

건망증이 심합니다. 그래서 잊어버리지 않기 위해서 수첩에 메모를 합니다.

- 약해졌다 **弱まった**
- 되찾다 **とりもどす**
- 건망증 **健忘症**
- 잊어버리다 **忘れる**
- 예방 주사를 맞다 **予防注射を打つ**
- 환경 **環境**
- 심각하다 **深刻だ**
- 지키다 **守る**
- 종이컵 **紙コップ**

02 -거나

72

두 가지 행동 중에서 하나를 선택해서 말할 때 어떻게 말할까요?

A 공부가 힘들 때는 어떻게 해요?

B 음악을 듣거나 잠깐 자요.

문법

A/V + 거나

'-거나'は2つの行動や状況の中で1つを選択するときに使用する。

작 + 거나 → 작거나　　가 + 거나 → 가거나

연습

다음 상황에서는 보통 어떤 일들을 합니까? '-거나'를 사용해서 이야기해 보세요.

		상황	하는 일
보기	티엔	스트레스가 쌓이다	옷장 정리를 하다, 밀린 빨래를 하다
①	미셸	멀미가 나다	바람을 쐬다, 잠을 자다
②	나타샤	허리가 아프다	스트레칭을 하다, 찜질하다
③	마이클	할 일이 밀렸다	야근하다, 동료에게 부탁하다
④	이치로	수업 중에 졸리다	밖에 나가서 세수하다, 물을 마시다
⑤	왕카이	가족들이 보고 싶다	이메일을 쓰다, 집에 전화하다

A 티엔 씨, 스트레스가 쌓일 때는 보통 어떻게 해요?

B 옷장 정리를 하거나 밀린 빨래를 해요.

- 스트레스가 쌓이다 **ストレスがたまる**
- 옷장 **たんす**
- 정리 **整理**
- 멀미가 나다 **乗り物酔いする、(車や船などに)酔う**
- 바람을 쐬다 **風に当てる**
- 스트레칭 **ストレッチング**
- 찜질하다 **温罨法(おんあんぽう)を行う、湿布する**
- 졸리다 **眠い**
- 야근하다 **夜勤する**

03 –아/어서

몸이 아플 때 여러분은 보통 어떻게 합니까? 병원에서 치료를 받지요? 행동을 시간 순서에 따라 말할 때 어떻게 말하면 좋을까요?

A 아픈 건 괜찮아요?

B 네, 많이 나았어요. 병원에 가서 주사를 맞았거든요.

문법

V + 아/어서

'–아/어서'は行動を時間順につなげるときに使用する。

어간 'ㅏ', 'ㅗ' + 아서 　예 가서, 받아서

그 외의 어간 + 어서 　예 배워서, 먹어서

연습

수업이 끝난 후에 계속해서 무슨 일을 했는지 말하려고 합니다. '–아/어서'를 사용해서 이야기해 보세요.

보기	학교 선배를 만나다	예금 통장을 만들었다
①	치과에 가다	집들이를 했다
②	집에 친구들을 초대하다	충치를 치료했다
③	후배가 좋아하는 과일을 사다	후배 병문안을 갔다
④	교실에 혼자 남다	숙제를 했다
⑤	은행에 들르다	대학 입학 문제를 상담했다

A 어제 수업 끝나고 뭐 했어요?

B 학교 선배를 만나서 대학 입학 문제를 상담했어요.

- 치과 歯科
- 들르다 立ち寄る、回る
- 예금 預金
- 통장 通帳
- 집들이 引っ越し祝に知り合いを新居に招待すること
- 충치 虫歯
- 치료하다 治療する
- 병문안 病気見舞い

들어 봅시다

독감 예방을 위한 방송 듣기

01 여러분은 감기나 독감을 예방하기 위해 다음 중 어떤 것을 주로 합니까? 서로 이야기 해 보세요.

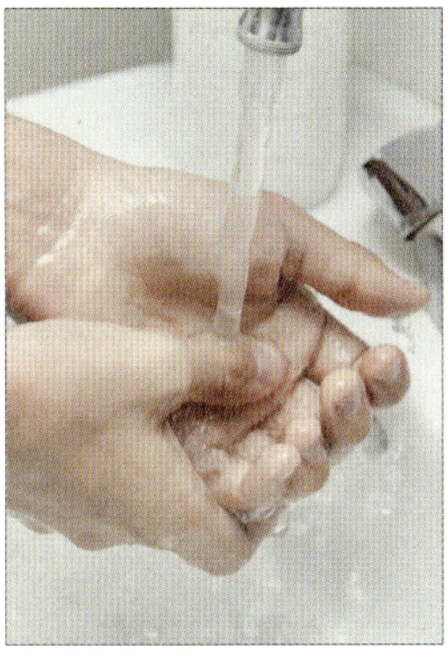

02 다음은 독감 예방에 대한 방송입니다. 잘 듣고 물음에 답하세요. 74

(1) 다음 중 독감에 대한 설명으로 맞지 않는 것은 무엇입니까?

① 언제나 독감 환자는 많다.
② 독감은 눈으로 전염될 수 있다.
③ 몸이 건강하면 독감에 잘 걸리지 않는다.

(2) 방송에서 말한 독감 예방법으로 맞는 것을 모두 고르세요.

① 코나 입을 손으로 만지지 않는다.
② 편식을 하지 않고 골고루 먹는다.
③ 외출한 후 집에 와서 눈을 잘 씻는다.
④ 건강을 위해서 규칙적인 운동을 한다.
⑤ 사람이 많은 곳에는 가능하면 가지 않는다.

(3) 맞는 것에 ✔표 하세요.

① 기침이나 재채기를 하는 사람은 외출할 때 마스크를 써야 한다. 네 _____ 아니요 _____

② 독감을 예방하려면 과일을 먹는 것이 좋다. 네 _____ 아니요 _____

- 전염되다 伝染する
- 만지다 触る
- 골고루 均等に
- 편식 偏食
- 규칙적인 規則的
- 가능하면 できれば
- 마스크 マスク
- 예방하다 予防する

Part 2

말해 봅시다

다이어트 방법 조언하기

친구가 다이어트를 하고 있습니다. 어떤 방법으로 다이어트를 하고 있습니까? 친구에게 좋은 다이어트 방법을 조언해 주세요.

Try it!

말풍선을 따라 대화를 구성해 보세요.

	나타샤 친구가 저녁을 안 먹는 이유를 묻고, 좋은 다이어트 방법을 조언해 주세요.	미셸 살이 쪄서 밥을 굶고 있습니다. 친구에게 다이어트에 좋은 방법에 대해 물어보세요.
1. 음식을 안 먹는 이유 묻기	왜 저녁을 안 먹다?	살이 찌다 + 저녁을 안 먹다
2. 잘못된 다이어트 방법 지적하기	건강을 지키다 + 굶지 말다	이렇게 안 하다 + 살이 빠지다× 어떻게?
3. 다이어트 방법 조언하기	살을 **빼다** + 식사량도 조절하다 + 운동하다 운동?	× 예전에는 공원에 **가다** + 달리기를 **하다** + 등산을 하다 지금은 귀찮다 + 재미도 없다 + 안 하다
4. 다이어트에 좋은 운동 권하기	좋아하는 운동을 하다 에어로빅 | 요가?	요가가 좋다 요가를 배워 본 적이 있다 재미있었다
5. 운동 시작 권하기	내일 당장 요가를 시작하다	고맙다

대화

75

나타샤	왜 저녁을 안 먹어요?
미셸	요즘 살이 너무 쪄서 저녁을 안 먹으려고요.
나타샤	그래도 건강을 지키려면 굶지 마세요.
미셸	그렇지만 이렇게 안 하면 살이 안 빠져요. 어떻게 하면 살을 뺄 수 있지요?
나타샤	살을 빼기 위해서는 식사량도 조절하고 운동을 해야 돼요. 운동은 하고 있어요?
미셸	아니요. 예전에는 공원에 가서 달리기를 하거나 등산을 했어요. 그렇지만 지금은 귀찮고 재미도 없어서 안 해요.
나타샤	그럼 좋아하는 운동을 해 보세요. 에어로빅이나 요가는 어때요?
미셸	요가가 좋겠어요. 요가를 배워 본 적이 있어요. 그때 재미있었어요.
나타샤	그래요? 그럼 내일 당장 요가를 시작하세요.
미셸	네, 알겠어요. 고마워요, 나타샤 씨.

표현

- 다이어트 방법에 대해 조언하기

A : 어떻게 하면 살을 뺄 수 있지요?
B : 운동을 해 보는 건 어때요?
살을 빼려면 운동해야 돼요.
식사량을 조절해 보세요.
다이어트에는 운동이 최고예요.

확장

여러분의 친구가 살을 빼려고 합니다. 친구의 다이어트 방법을 듣고, 좋은 방법을 조언해 주세요.

잘못된 다이어트 방법	조언
밥을 굶고 배가 고플 때 과식하다	음식을 골고루 규칙적으로 먹다
살 빠지는 약을 먹고 운동을 거의 안 하다	약을 먹지 말고 규칙적으로 운동을 하다

· 살이 찌다 **太る** · 그래도 **それでも、でも** · 굶다 **飢える、食事を抜く** · 식사량 **食事の量** · 예전 **昔、ずっと以前**
· 귀찮다 **面倒くさい、うるさい** · 에어로빅 **エアロビクス** · 당장 **早速、さしあたって**

Part 3

읽고 써 봅시다

신문 기사 읽고 건강 수칙 쓰기

01 여러분은 건강을 지키기 위해서 다음 중 어떤 것을 하고 있습니까? ✔표 하세요.

- ☐ 항상 몸을 깨끗이 씻는다.
- ☐ 비타민 C와 같은 영양제를 매일 먹는다.
- ☐ 항상 자주 웃고 즐거운 생각을 많이 한다.
- ☐ 인스턴트 음식은 피하고, 몸에 좋은 음식을 먹는다.
- ☐ 일주일에 세 번 이상, 한 번에 30분 이상 운동을 한다.

02 다음은 신문 기사의 일부입니다. 다음을 읽고 물음에 답하세요. 76

건강, 생활 속에서 이렇게 지킨다!

잘 자고 잘 먹는 것, 최고의 건강 수칙

건강을 위해서 굳이 특별한 운동을 하거나 비싼 음식을 사 먹을 필요 없다. 생활 속에서 할 수 있는 건강 수칙을 몇 가지 지키면 된다.

1. 인스턴트 음식 줄이기

요즘 사람들은 바쁘기 때문에 인스턴트 음식을 많이 사 먹는다. 인스턴트 음식에는 조미료와 지방이 있어서 많이 먹으면 영양의 불균형이 생긴다. [A] 따라서 컵라면, 햄버거, 냉동 피자와 같은 인스턴트 음식은 먹지 않는 것이 좋다.

2. 하루에 6시간 이상 푹 자기

몸은 아픈 부분을 스스로 치료할 수 있다. 그런데 몸이 스스로 치료를 하는 시간은 바로 사람이 잠을 자는 시간이다. [B] 치료를 위해 필요한 수면 시간은 하루 6~8시간 정도이다. 그러므로 쌓인 피로와 스트레스를 풀려면 6시간 이상 푹 자야 한다.

3. 항상 여유를 가지기

건강하게 살기 위해서는 스트레스도 줄여야 한다. 스트레스가 건강에 나쁜 영향을 주기 때문이다. 기분이 좋지 않은 일이 생겼을 때는 스트레스를 받지 않도록 긍정적인 마음을 가지는 것이 중요하다. [C] 그런데 적당한 스트레스는 건강에 도움이 된다. 몸과 마음의 건강을 위해 항상 마음의 여유를 가지고 생활하도록 노력해야 한다.

- 인스턴트 インスタント
- 수칙 規則, 心得
- 굳이 あえて
- 속 中、内
- 조미료 調味料
- 지방 脂肪
- 영양 栄養
- 불균형 不均衡
- 따라서 したがって
- 컵라면 カップラーメン
- 햄버거 ハンバーガー
- 냉동 冷凍
- 스스로 みずから
- 수면 睡眠
- 그러므로 だから、したがって
- 피로 疲労
- 여유 余裕、ゆとり
- 영향을 주다 影響を与える
- 긍정적이다 肯定的だ
- 적당하다 適当だ
- 숙면 熟睡
- 사라지다 消える
- 소화가 잘 안 되다 消化に悪い

(1) 다음 중 내용과 맞는 것은 무엇입니까?

① 6시간 정도 숙면하면 쌓인 피로를 풀 수 있다.

② 긍정적인 마음을 가지면 쌓인 스트레스가 사라진다.

③ 인스턴트 음식을 먹으면 소화가 잘 안 돼서 건강에 나쁘다.

(2) A~C 중에서 글의 내용과 관계가 없는 문장은 무엇입니까?

① A　　② B　　③ C

(3) 다음 사람들은 건강을 위해서 어떤 행동을 했는지, 어떤 건강 수칙과 관계가 있는지 서로 이야기해 보세요.

①

②

③

03 여러분 자신의 건강을 지키기 위한 건강 수칙을 써 보세요.

(1) 여러분의 건강을 지키기 위해 가장 필요한 것이 무엇입니까? '나의 건강 수칙'을 세 가지 메모해 보세요.

나의 건강 수칙

Ⅰ. ______

Ⅱ. ______

Ⅲ. ______

(2) 위의 메모를 바탕으로 '나의 건강 수칙'이라는 제목으로 글을 써 보세요.

낭독

[보기]를 참고하여 '구개음화(palatalization)'에 주의하면서 다음 글을 낭독하세요. 77

보기 굳이 [구지], 같이 [가치]

건강을 위해서 굳이 특별한 운동을 하거나 비싼 음식을 사 먹을 필요 없습니다. 잘 자고, 잘 먹고, 긍정적인 마음을 가지는 것이 중요합니다. 인스턴트 음식과 같이 몸에 나쁜 음식보다는 과일, 채소를 많이 드세요. 그리고 힘든 일이 생겼을 때는 닫힌 마음을 열고 즐거운 생각을 하세요.

문화 알아보기

인삼, 꿀, 보약

건강은 우리가 살아가는 데 가장 소중한 재산입니다. 한국 사람들은 이러한 건강을 지키기 위해서 운동 등의 여러 가지 노력을 하기도 하지만, 여러 가지 몸에 좋은 음식을 챙겨 먹기도 합니다. 몸에 좋은 음식으로는 인삼과 꿀이 대표적입니다. 인삼이나 꿀은 차로 만들어 먹기도 하고, 음식에 넣어서 먹기도 합니다.

그 외에는 보약이 있습니다. 보약은 특별히 몸이 아프지 않아도 건강을 지키기 위해서 먹는 약입니다. 한국의 전통 병원인 한의원에서 몸에 좋은 약재를 사람들 각자의 체질과 병에 맞도록 처방하여 만드는 것입니다. 그래서 한국 사람들은 피로가 쌓였을 때나 몸이 허약해졌다고 느낄 때 보통 보약을 먹습니다.

健康は私たちが生きていく上で最も大切な財産です。韓国人はこのような健康を守るために運動など様々な努力をしますが、色々な体にいい食べ物を食べたりもします。体にいい食べ物では朝鮮人参と蜂蜜が代表的です。朝鮮人参や蜂蜜はお茶にして飲んだり、食べ物に入れて食べたりします。

それ以外には補薬[韓薬(漢方薬)の一種]があります。ポヤク(補薬)は特に病気ではなくても健康を維持するために飲む薬だ。韓国の伝統的な病院である韓医院で、体にいい薬草をそれぞれの人の体質や病に合わせて処方して作るものです。ですから韓国人は疲れがたまったときや体が弱ったと感じるとき、普通、補薬を飲みます。

01 한국인들은 건강을 챙기기 위해서 어떤 음식을 먹습니까?

02 여러분 나라에서는 건강을 지키기 위해서 무엇을 먹습니까?

문학 맛보기

_{伝承童話} 토끼와 거북이

01 다음 중 가장 건강에 좋다고 생각하는 음식은 무엇입니까? 왜 그렇게 생각합니까?

02 다음은 전래동화 「토끼와 거북이」입니다. 「토끼와 거북이」를 읽으면서 토끼가 왜 바닷속 용궁에 갔는지 생각해 보세요. 78

토끼와 거북이

옛날에 바닷속 용왕이 갑자기 병이 들었습니다. 여러 약을 써 봤지만 병이 낫지 않았습니다. 용왕은 의사가 "토끼의 간이 있으면 병이 나을 수 있습니다."라고 하는 말을 듣고 토끼를 잡기 위해서 신하 거북이를 육지로 올려 보냈습니다. 거북이는 어렵게 토끼를 만났습니다. 그리고 "멋있는 용궁을 구경하러 갑시다."라고 말하고 토끼를 용궁으로 데려갔습니다. 토끼는 용궁에 도착한 후, 용왕이 자기 몸에 있는 간을 먹으려고 한다는 것을 알았습니다. 토끼는 꾀를 써서, "제 간은 지금 제 몸에 없습니다. 집에 있습니다."라고 거짓말을 했습니다. 토끼의 말을 듣고, 용왕은 다시 거북이에게 말했습니다. "토끼와 함께 가서 간을 가지고 와라." 그렇지만 육지로 올라온 토끼는 거북이에게 "간을 집에 놓고 다니는 동물이 어디에 있어요?"라고 말한 후 도망쳤습니다.

03 여러분이 토끼처럼 위급한 상황이라면 무슨 말을 해서 그 위험에서 벗어나겠습니까? 서로 이야기해 보세요.

토끼 うさぎ　거북이 かめ　용왕 竜王　병이 들다 病気になる　약을 쓰다 薬を使う、薬を飲む　간 肝臓　신하 臣下
육지 陸地　올려 보내다 (上方に)送る　용궁 竜宮　데려가다 連れていく　꾀를 쓰다 知恵を働かせる　올라오다 上がってくる
도망치다 逃げる

제7과

쇼핑

ショッピング

제 7 과 쇼핑 ショッピング

Part 1

준비합시다	**1** -(으)ㄹ까요 **2** -(으)ㄴ/는/(으)ㄹ 것 같다 **3** -(으)ㄴ 덕분에
들어 봅시다	입학 선물에 대한 대화 듣기 入学祝いのプレゼントについての対話を聞く
말해 봅시다	옷에 어울리는 구두 추천하기 服に合った靴を勧める

Part 2

준비합시다	**1** -아/어서 그런지 **2** 르 불규칙
들어 봅시다	휴대 전화 교환에 대한 듣기 携帯電話の交換についての対話を聞く
말해 봅시다	가구 광고를 보고 정보 묻기 家具の広告を見て情報を尋ねる

Part 3

읽고 써 봅시다	제품 사용 후기 읽고 쓰기 製品使用後の感想を読んで書く

CULTURE & LITERATURE

문화 알아보기	재래시장 在来市場
문학 맛보기	전래동화 伝承童話「우산 장수와 짚신 장수」

Part 1

준비합시다

01 –(으)ㄹ까요

79

어떤 일에 대해서 추측하여 물어볼 때 어떻게 말할까요?

A 이 바지가 저한테 맞을까요?

B 네. 이게 손님한테 맞는 사이즈예요.

문법

A/V + (으)ㄹ까요

'–(으)ㄹ까요'はまだ起っていないか、知らないことについて推測して尋ねるときに使用する。

子音 + 을까요 예 입을까요, 작을까요　　母音, ㄹ + ㄹ까요 예 올까요, 힘들까요

연습

다음을 보고 '–(으)ㄹ까요'를 사용하여 말해 보세요.

보기	민호 씨 아이가 예쁘다	엄마가 예쁘다 / 아이도 예쁘다
①	내일까지 이 일을 마칠 수 있다	다른 사람들이 도와주고 있다 / 끝낼 수 있다
②	이 가방이 비싸다	가죽으로 만들었다 / 비싸다
③	왕카이 씨 생일 선물로 장갑이 괜찮다	요즘 날씨가 춥다 / 필요하다
④	마이클 씨가 빌린 돈을 갚다	월급을 받았다 / 곧 갚다
⑤	장소이 씨가 그 소식을 알다	인터넷에 기사가 났다 / 아마 봤다

A 민호 씨 아이가 예쁠까요?

B 네. 엄마가 예쁘니까 아이도 예쁠 거예요.

사이즈 **サイズ**
마치다 **終える**
가죽 **革**
기사가 나다 **記事になる**
갚다 **返す**
월급 **月給**

02 -(으)ㄴ/는/(으)ㄹ 것 같다

80

자신이 추측한 것이나 생각한 것을 말할 때 어떻게 말할까요?

A 왜 마이클 씨는 안 왔어요?

B 마이클 씨가 요즘 일이 많아서 아주 바쁜 것 같아요.

문법

A + (으)ㄴ 것 같다, V + (으)ㄴ/는/(으)ㄹ 것 같다, N + 인 것 같다

'-(으)ㄴ/는/(으)ㄹ 것 같다'は色々な状況から推し量って過去、現在、未来の動作や現在の状態を 推測するとき使用する。そして、形容詞の場合は 現在の状態は'-(으)ㄴ 것 같다'を使う。

A	子音 + 은 것 같다	예 작은 것 같다
	母音, ㄹ + ㄴ것 같다	예 큰 것 같다, 힘든 것 같다
V	子音 + 은/는/을 것 같다	예 먹은/먹는/먹을 것 같다
	母音, ㄹ + ㄴ/는/ㄹ 것 같다	예 간/가는/갈 것 같다, 연/여는/열 것 같다
N	N + 인 것 같다	예 의사인 것 같다, 학생인 것 같다

연습

다음은 이지훈 교수의 연구실입니다. '-(으)ㄴ/는/(으)ㄹ 것 같다'를 사용해서 말해 보세요.

보기	가르치는 과목	(역사)	경제
①	나이	(30대)	40대
②	결혼	(결혼했다)	결혼 안 했다
③	아이	(있다)	없다
④	취미	(테니스를 치다)	여행하다
⑤	잠시 후에 할 일	(전화를 받다)	책을 읽다

A 이 사람은 무엇을 가르칠까요?

B 책장에 역사에 대한 책이 많으니까 역사를 가르치는 것 같아요.

경제 經濟

Part 1

03 -(으)ㄴ 덕분에

81

친구가 도와주어서 일이 잘 되었습니다. 그 일이 잘 된 이유를 어떻게 말할까요?

A 이사할 집에 놓을 가구는 다 샀어요?

B 네. 친구가 좋은 가구점을 소개해 준 덕분에 마음에 드는 걸 샀어요.

문법

V + (으)ㄴ 덕분에

'-(으)ㄴ 덕분에'は前の行動や結果が原因となってことがうまくいったときに使用する。

子音 + 은 덕분에 예 먹은 덕분에　　母音, ㄹ + ㄴ 덕분에 예 간 덕분에, 만든 덕분에

Tip 名詞は'N + 덕분에'と使う。
예 친구 + 덕분에 → 친구 덕분에　　선생님 + 덕분에 → 선생님 덕분에

연습

다음 사람들은 어떤 이유로 일이 잘 되었습니까? '-(으)ㄴ 덕분에'를 사용하여 이유를 말해 보세요.

	이름	잘 된 일	이유
보기	티엔	한국말을 빨리 배웠다	선생님께서 잘 가르쳐 주셨다
①	마이클	서류를 모두 정리했다	준영 씨가 도와주었다
②	장소이	항상 시험을 잘 보다	예습, 복습을 철저히 했다
③	미셸	좋은 식당을 많이 알다	음식 프로그램을 자주 봤다
④	왕카이	요즘 유행하는 노래를 많이 알다	매일 라디오를 들었다
⑤	이치로	피자를 공짜로 먹었다	쿠폰을 모았다

A 티엔 씨, 어떻게 한국말을 빨리 배웠어요?

B 선생님께서 잘 가르쳐 주신 덕분에 한국말을 빨리 배웠어요.

· 놓다 置く
· 가구점 家具店
· 철저히 徹底的に
· 공짜 ただ

들어 봅시다

입학 선물에 대한 대화 듣기

01 지금 이 사람들은 무엇을 축하하고 있습니까? 이때 어떤 선물을 하는 것이 좋을까요? 서로 이야기해 보세요.

02 다음은 마이클 씨와 박영민 씨의 대화입니다. 잘 듣고 물음에 답하세요. 82

(1) 박영민 씨가 입학 선물로 추천한 것은 무엇입니까? 모두 고르세요.

① 용돈 ② 양복 ③ MP3 ④ 만년필 ⑤ 노트북

(2) 박영민 씨가 MP3를 추천한 이유는 무엇입니까?

① 디지털 카메라보다 비싸지 않고 디자인이 좋다.
② 요즘 홈페이지에 음악을 올리는 것이 유행이다.
③ 학교에 갈 때나 집에 올 때 많이 사용할 수 있다.

(3) 맞는 것에 ✔표 하세요.

① 마이클 씨의 친구는 곧 대학교에 들어갈 예정이다. 네 ____ 아니요 ____
② 마이클 씨는 친구에게 디지털 카메라를 선물할 것이다. 네 ____ 아니요 ____
③ 마이클 씨는 박영민 씨의 조언을 듣고 선물을 결정했다. 네 ____ 아니요 ____

- 용돈 小遣い
- 디지털 카메라 デジタルカメラ
- 올리다 上げる、アップする
- 곧 すぐ
- 예정이다 予定だ

Part 1

말해 봅시다

옷에 어울리는 구두 추천하기

친구가 옷에 어울리는 구두를 찾고 있습니다. 친구에게 어울리는 구두 색깔과 디자인을 추천해 주세요.

Try it!

말풍선을 따라 대화를 구성해 보세요.

	장소이 친구가 구두를 사려고 합니다. 친구에게 어울리는 구두를 추천해 주세요.	율리아 자신에게 어울리는 구두에 대해 친구에게 물어보세요. 그리고 친구가 추천한 구두에 대한 자신의 생각을 말하세요.
1. 사고 싶은 구두에 대해 묻고 답하기	어떤 구두를 찾다?	청바지나 정장 | 다 어울리는 구두 | 사다 그런 구두가 **없다**?
2. 유행하는 구두 추천하기	이 구두? 요즘 유행하는 디자인	너무 높다 + 불편하지 **않다**? 저 | 높은 구두는 잘 안 신다
3. 다른 구두 추천하기	이 까만색 구두? 높지 않다 + 디자인도 **세련되다**	예쁘다 저한테 **어울리다**? 너무 화려하지 않다?
4. 추천한 구두를 신어 볼 것을 권하기	화려하지 않다 신어 보다 잘 어울리다	고맙다 장소이 씨가 **도와주다** | 마음에 드는 것 | 찾았다

대화

83

장소이 어떤 구두를 찾고 있어요?

율리아 청바지나 정장에 다 어울리는 구두를 사려고요. 그런 구두가 없을까요?

장소이 이 구두는 어때요? 요즘 유행하는 디자인이에요.

율리아 글쎄요. 그건 너무 높아서 불편하지 않을까요? 저는 높은 구두는 잘 안 신어요.

장소이 그럼 이 까만색 구두는 어때요? 별로 높지 않고 디자인도 세련된 것 같아요.

율리아 정말 예쁘네요. 그런데 저한테 잘 어울릴까요? 너무 화려하지 않아요?

장소이 화려하지 않아요. 한번 신어 보세요. (잠시 후) 어머, 율리아 씨, 정말 잘 어울려요.

율리아 고마워요. 장소이 씨가 도와준 덕분에 마음에 드는 것을 찾았어요.

표현

- 상대방의 추천에 대해 우회적으로 거절하기

좀 불편하지 않을까요?
좀 더 생각해 봐야겠어요.
좀 더 생각해 보고 결정할게요.
저한테는 안 어울리는 것 같아요.
제가 좋아하는 스타일이 아니어서요.

확장

친구와 옷가게에 옷을 사러 갔습니다. 친구가 언제 입을지, 좋아하는 디자인은 무엇인지 묻고 친구에게 어울리는 옷을 추천해 주세요.

사고 싶은 옷	선호하는 디자인
흰색이나 분홍색 반팔 원피스	너무 화려하지 않은 디자인
회색이나 빨간색 반코트	청바지에 잘 어울리는 디자인

청바지 **ブルージーンズ** 정장 **正装** 어울리다 **似合う** 세련되다 **洗練された**

Part 2

준비합시다

01 -아/어서 그런지

84

확실하지 않은 자신의 생각을 이유로 말할 때 어떻게 말하면 좋을까요?

A 길이 왜 이렇게 복잡하지요?

B 근처 백화점에서 세일을 해서 그런지 차가 많네요.

문법

A/V + 아/어서 그런지

'-아/어서 그런지'は前の行為や状態が、後文の原因や理由のようだけれど、はっきり断定できないとき使われる表現だ。

어간 'ㅏ', 'ㅗ' + 아서 그런지 예 작아서 그런지, 와서 그런지
그 외의 어간 + 어서 그런지 예 커서 그런지, 먹어서 그런지

연습

다음 상황의 원인은 무엇일까요? '-아/어서 그런지'를 사용해서 말해 보세요.

	상황	원인 / 결과
보기	요즘 스웨터가 잘 팔리다	날씨가 춥다 / 두꺼운 옷이 잘 팔리다
①	이 그림이 멋있다	유명한 화가가 그리다 / 역시 다르다
②	장소이 씨가 인기가 많다	성격이 좋다 / 좋아하는 사람이 많다
③	요즘 민호 씨가 연락이 없다	회사 일로 바쁘다 / 전화도 안 받다
④	아이가 노래를 잘하다	아빠를 닮다 / 노래에 소질이 있다
⑤	마이클 씨가 거의 밥을 못 먹다	감기에 걸리다 / 식사를 전혀 못 하다

A 요즘 스웨터가 잘 팔리지요?

B 네. 날씨가 추워서 그런지 두꺼운 옷이 잘 팔리네요.

- 스웨터 セーター
- 팔리다 売れる
- 화가 画家
- 역시 やはり
- 소질 素質

02 르 불규칙

85

친구에게 전자제품의 전원을 켜는 방법을 알려 줄 때 어떻게 말할까요?

A 준영 씨, 이 프린터기를 어떻게 켜요?

B 거기 빨간색 단추를 눌러 보세요.

문법

르 불규칙

'르 불규칙'は '르'で終わる形容詞や動詞の後に '-아/어-' あるいは '-았/었-'で始まる語尾がくるとき '르'の母音 '_'が省略され'ㄹ'が加えられる。

모르 + 아요 → 몰라요　　모르 + 았어요 → 몰랐어요
부르 + 어요 → 불러요　　부르 + 었어요 → 불렀어요

연습

다음에서 알맞은 단어를 골라 대화를 완성하세요.

자르다 · 모르다 · 빠르다 · 다르다 · 부르다

보기 A: 바지가 긴 것 같아요. 조금만 잘라 주세요.
B: 네, 알겠습니다.

① A: 마이클 씨는 정말 노래를 잘 ________.
B: 맞아요. 가수보다 노래를 더 잘하는 것 같아요.

② A: KTX의 요금은 왜 비싸요?
B: 다른 기차보다 ________ 비싸요.

③ A: 아까 티엔 씨와 무슨 이야기를 했어요?
B: 오늘 숙제를 ________ 물어봤어요.

④ A: 제가 주문한 색과 ________ 교환하고 싶습니다.
B: 저희 직원의 실수로 잘못 배달된 것 같습니다. 죄송합니다.

- 프린터기 プリンター
- 단추 ボタン
- 누르다 押す
- 자르다 切る
- 다르다 違っている
- (노래를) 부르다 歌う
- 실수 失敗、ミス
- 잘못 過ち、ミス
- 배달되다 配達される

Part 2

들어 봅시다

휴대 전화 교환에 대한 대화 듣기

01 여기는 어디입니까? 이 여자는 무슨 일로 여기에 왔을까요? 서로 이야기해 보세요.

02 다음은 휴대 전화 가게의 점원과 손님의 대화입니다. 잘 듣고 물음에 답하세요. 86

(1) 손님이 휴대 전화를 교환하고 싶어 하는 이유가 아닌 것은 무엇입니까?

① 전화기의 전원이 잘 켜지지 않는다.

② 기능이 너무 많아서 사용할 때 불편하다.

③ 통화할 때 상대방 목소리가 잘 들리지 않는다.

(2) 휴대 전화 교환에 대한 설명으로 맞지 않는 것은 무엇입니까?

① 교환하려면 영수증이 필요하다.

② 같은 색깔의 휴대 전화로만 교환할 수 있다.

③ 산 지 14일이 지나지 않으면 교환이 가능하다.

(3) 맞는 것에 ✔표 하세요.

① 여자들은 은색 휴대 전화를 선호한다. 네 ____ 아니요 ____

② 손님이 휴대 전화를 살 때는 분홍색이 없었다. 네 ____ 아니요 ____

- 교환 交換
- 켜지다 つく
- 기능 機能
- 통화하다 通話する
- 상대방 相手方
- 목소리 声
- 들리다 聞こえる
- 영수증 領収書
- 가능하다 可能だ
- 은색 銀色
- 선호하다 好む
- 분홍색 桃色、ピンク

어휘

가구

87

식탁

화장대

옷장

서랍장

가전제품

냉장고

세탁기

청소기

선풍기

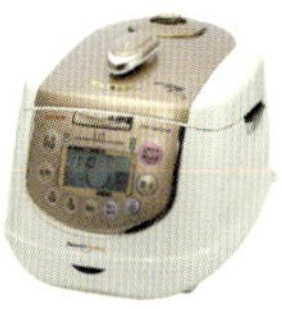
전기밥솥

전자레인지

식기세척기

가습기

Part 2

말해 봅시다

가구 광고를 보고 정보 묻기

여러분이 책상과 의자를 사려고 합니다. 생활 정보지 광고를 보고 전화해서 가구에 대해 물어보세요.

Try it!

말풍선을 따라 대화를 구성해 보세요.

	티엔 생활 정보지 광고를 보고 책상과 의자를 사려고 전화했습니다. 책상의 크기, 사용 기간, 가격을 물어보세요.	주인 1년 사용한 책상을 팔려고 합니다. 광고를 보고 전화한 사람의 질문에 답하세요.
1. 광고에 나온 가구 확인하기	광고를 보다 + 전화했다 아직도 책상, 의자 | 있다?	○, 아직
2. 가구 크기 묻고 답하기	책상 크기?	가로 120cm, 세로 70cm + 높이 | 90cm쯤 되다
3. 가구 색깔 묻고 답하기	무슨 색?	갈색 원목 책상 의자는 나무 의자×, 검정색 천 의자
4. 사용 기간과 판매 가격 묻고 말하기	사용한 지 얼마나 됐다?	작년 여름에 샀다 + 1년 됐다 30만 원에 샀다 + 15만 원에 팔다 산 지 **얼마 되지 않다** | 거의 새 것이다
5. 가격이 비싼 이유 말하기	좀 비싸다	그냥 중고 책상하고 **다르다** 거의 안 썼다
6. 방문 후 가구 구경에 대해 말하기	가다 + 책상을 봐도 되다?	○ 신촌에 있다 | 이화아파트 102동 501호

대화

88

티엔 여보세요. 생활 정보지에 난 광고를 보고 전화했습니다. 아직도 그 책상과 의자가 있어요?

주인 네, 아직 있어요.

티엔 책상 크기는 어떻게 돼요?

주인 가로 120㎝, 세로 70㎝이고 높이는 90㎝쯤 돼요.

티엔 색깔은 무슨 색이에요?

주인 갈색 원목 책상이에요. 그런데 의자는 나무 의자가 아니라 검정색 천 의자예요.

티엔 죄송하지만 사용한 지 얼마나 되셨어요?

주인 작년 여름에 샀으니까 1년 됐어요. 30만 원에 샀지만 15만 원에 팔려고요. 산 지 얼마 되지 않아서 그런지 거의 새 거예요.

티엔 좀 비싼 것 같아요.

주인 그냥 중고 책상하고 달라요. 거의 안 썼거든요.

티엔 그럼 거기에 잠깐 가서 책상을 봐도 될까요?

주인 네, 그러세요. 여기는 신촌에 있는 이화아파트 102동 501호예요.

표현

■ 가구의 크기 묻고 답하기

A: 크기가 어떻게 돼요?
B: 퀸 사이즈 침대예요.
4인용 식탁이라서 꽤 커요.
세 명이 앉을 수 있는 소파예요.
가로 120㎝, 세로 70㎝이고 높이는 90㎝쯤 돼요.

■ 가구의 재질 묻고 답하기

A: 그 가구는 뭐로 만들었어요?
B: 나무 의자예요.
천으로 된 거예요.
돌로 만든 침대예요.
가죽으로 만든 소파예요.

확장

여러분이 생활 정보지의 광고를 보고 가구를 사려고 합니다. 가구를 팔려는 집에 전화를 걸어서 가구의 크기, 색, 사용 기간 등을 물어보세요.

소파를 팝니다!

· 특징: 검정색 가죽 소파 (3인용)
둥근 의자(1인용), 쿠션도 있음
· 사용 기간: 3년
· 구입 가격: 100만 원
· 판매 가격: 20만 원

Tel. 070-2345-6789

식탁과 의자를 팝니다!

· 특징: 원목 식탁 (4인용)
식탁 의자 4개
· 사용 기간: 2년
· 구입 가격: 50만 원
· 판매 가격: 10만 원

Tel. 010-3456-7890

· 광고 広告 · 특징 特徴 · 갈색 茶色 · 원목 原木 · 천 生地 · 기간 期間 · 구입 購入 · 판매 販売 · 크기 大きさ · 높이 高さ
· 그냥 ただ · 중고 中古

Part 3

읽고 써 봅시다

제품 사용 후기 읽고 쓰기

01 다음 제품은 무엇입니까? 제품의 모양은 어떻습니까? 다음 제품으로 무엇을 할 수 있는지 이야기해 보세요.

02 다음은 전자사전의 제품 사용 후기입니다. 다음을 읽고 물음에 답하세요. 89

상품평		작성자	작성일	평가
아주 만족	친구의 추천으로 이 전자사전을 구입했어요. 색은 분홍색이에요. 색도 마음에 들고 크기도 적당해서 들고 다닐 때 편한 것 같아요. 그리고 재질이 좋아서 잘 긁히지 않을 것 같아요. 제일 마음에 드는 것은 전원을 누를 필요 없이 열면 전원이 켜지는 거예요. 또 발음을 반복해서 들을 수 있는 기능이 있어서 발음 연습할 때도 편하고요. 그런데 배달원이 친절하지 않아서 그 점이 좀 아쉬웠어요. 그것만 빼면 다 만족스러웠어요. 친구가 좋은 전자사전을 알려 준 덕분에 마음에 드는 걸 살 수 있어서 정말 기쁩니다. 다른 분들에게도 강력하게 추천합니다.	pey****	09. 23	★★★★
보통	대체로 괜찮았어요. 저는 음악을 좋아해서 사전 기능과 음악 듣기 기능을 함께 쓸 수 있는 것이 가장 마음에 듭니다. 그런데 생각보다 색깔이 촌스러워서 별표 3개만 드렸습니다.	fou***	09. 22	★★★
불만족	저는 흰색을 골랐지만 까만색이 도착했습니다. 주문 받은 분이 제대로 주문을 확인하지 않아서 그런지 다른 물건이 도착했습니다. 정말 짜증납니다.	cheri**	09. 22	★

(1) 맞는 것에 ✔표 하세요.

① 첫 번째 글을 쓴 사람은 제품 배달에 만족했다. 네 ______ 아니요 ______

② 두 번째 글을 쓴 사람은 제품 색깔이 마음에 들지 않았다. 네 ______ 아니요 ______

③ 세 번째 글을 쓴 사람은 주문한 것과 다른 것을 받았다. 네 ______ 아니요 ______

- 제품 製品
- 사용 후기 使用の感想
- 상품평 商品の評価
- 작성자 作成者
- 작성일 作成日
- 평가 評価
- 재질 材質
- 긁히다 引っかかれる
- 전원을 누르다 電源を入れる
- 반복하다 繰り返す
- 배달원 配達員
- 빼다 抜きとる
- 만족스럽다 満足する
- 강력하게 強力
- 대체로 大体
- 촌스럽다 ださい、あか抜けない
- 별표 星印

(2) 전자사전의 기능은 무엇입니까? 모두 고르세요.

① 녹음 기능이 있다.　② 음악을 들을 수 있다.
③ 약속을 메모할 수 있다.　④ 복잡한 계산을 하는 기능이 있다.
⑤ 발음을 반복해서 여러 번 들을 수 있다.

(3) 제품을 받은 고객들이 만족해 하는 이유를 조사하려고 합니다. 고객들이 만족해 하는 이유에 모두 ✔표 하고 말해 보세요.

전자사전을 만족해 하는 이유 조사

- ☐ 저렴한 가격 때문에
- ☐ 디자인이 좋기 때문에
- ☐ 제품의 재질이 좋아서
- ☐ 가지고 다니기 편해서
- ☐ 제품을 빨리 배달해 줘서
- ☐ 전원을 누를 필요 없이 켜져서

03 제품 사용 후기를 써 보세요.

(1) 여러분이 사용하고 있는 가전제품은 어떻습니까? 제품을 사용한 후 만족스러운 점과 불만족스러운 점을 메모해 보세요.

Ⅰ. 구입한 제품에 대한 소개: ____________________

Ⅱ. 만족스러운 점: ____________________

① 제품 모양: ____________________

② 기능: ____________________

Ⅲ. 불만족스러운 점: ____________________

(2) 위의 메모를 바탕으로 제품 사용 후기를 써 보세요.

낭독

[보기]를 참고하여 '격음화(aspiration)'에 주의하면서 글을 낭독하세요. 90

보기 구입한 [구이판], 도착했다 [도차캗따]

친구의 추천으로 구입한 전자사전이 오늘 도착했다. 기능도 많고 선택한 색깔도 예뻐서 마음에 들었다. 특히 발음 연습을 할 수 있는 기능이 있어서 도움이 될 것 같다. 그리고 재질이 좋아서 잘 긁히지 않을 것 같다. 그런데 배달 받을 때 배달원이 친절하지 않아서 기분이 좋지 않았다. 그 점이 아쉬웠다.

문화 알아보기

재래시장

여러분은 쇼핑을 주로 어디에서 합니까? 한국 사람들은 백화점이나 대형 할인 마트에서 쇼핑을 하거나 재래시장에서 물건을 삽니다. 여러분은 한국의 유명한 재래시장에 대해서 알고 있습니까? 재래시장은 예전부터 있어 왔던 시장으로 여기에 가면 여러 가지 물건을 싸게 살 수 있습니다.

특히 재래시장 중에는 채소와 과일, 수산물, 의류 등을 전문적으로 파는 시장이 있습니다. 서울 가락동에 있는 청과물 시장은 신선한 채소와 과일을 싸게 살 수 있어서 주부들 사이에서 인기가 높습니다. 그리고 서울 노량진 수산시장에서는 생선과 같은 수산물을 싸게 팝니다. 또 서울 동대문 시장은 옷과 신발, 액세서리 등을 저렴하게 팝니다.

사람들이 열심히 사는 모습을 구경하고 싶으면 시장에 가 보라고 합니다. 여러분도 재래시장에 가서 여러 가지 물건도 구경하고 한국 사람들이 어떻게 사는지도 구경해 보세요. 아주 재미있을 겁니다.

皆さんは主にどこでショッピングをしますか。韓国人はデパートや大型割引マートでショッピングしたり、在来市場で物を買います。皆さんは韓国の有名な在来市場について知っていますか。在来市場とは以前からあった市場で、そこに行けば色々な物を安く買うことができます。

特に、在来市場の中には野菜と果物、水産物、衣類などを専門的に売る市場があります。ソウルのカラクドン(可楽洞)にある青果市場には新鮮な野菜と果物を安く買うことができて主婦の間で人気が高いです。そして、ソウルのノリャンジン(鷺梁津)水産市場では魚のような水産物を安く売っています。また、ソウルのトンデムン(東大門)市場は服と靴、アクセサリーなどが安く売っています。

人々が一生懸命生きる姿を見たければ、市場に行くといいでしょう。皆さんも在来市場に行って色々なものを見物して、韓国の人々がどのように暮しているのかも見てみましょう。とても面白いはずです。

01 재래시장 중 전문적으로 물건을 파는 곳은 어디이고 거기서는 어떤 물건을 팔고 있습니까?

02 여러분 나라에는 어떤 시장이 있습니까? 서로 이야기해 보세요.

문학 맛보기

伝承童話 우산 장수와 짚신 장수

01 언제 우산이 잘 팔리고, 언제 짚신이 잘 팔릴까요? 서로 이야기해 보세요.

02 다음은 전래동화 「우산 장수와 짚신 장수」입니다. 어머니가 왜 행복해졌는지 생각하면서 읽어 보세요. 91

우산 장수와 짚신 장수

옛날에 우산 장수와 짚신 장수를 하는 두 아들을 둔 어머니가 있었습니다. 그런데 이 어머니는 늘 걱정이 많았습니다. 어느 날 이웃집에 사는 사람이 이 어머니에게 "매일 무슨 걱정을 하세요?"라고 물었습니다.

어머니는 "첫째 아들은 우산 장수를 해요. 그런데 날이 맑으면 이 아들의 장사가 되지 않아서 걱정이에요. 그리고 둘째 아들은 짚신 장수를 해요. 그런데 비가 오면 이 아들의 장사가 되지 않을 것 같아서 또 걱정이 돼요."라고 대답했습니다.

그 말을 들은 이웃 사람이 말했습니다. "그런 걸로 왜 걱정을 합니까? 날이 맑으면 짚신 장수 아들의 장사가 잘 되어서 좋고, 비가 오면 우산 장수 아들의 장사가 잘 되어서 좋지 않습니까? 그렇게 생각하면 마음이 편하지 않을까요?"

이 말을 들은 어머니는 그날부터 맑은 날에도, 비가 오는 날에도 항상 즐거웠습니다. 생각을 바꾼 덕분에 걱정이 사라졌기 때문입니다.

03 여러분의 성격은 어떻습니까? 여러분의 성격이 결과에 어떤 영향을 미쳤습니까? 자신의 경험을 이야기해 보세요.

장수 商人　짚신 チプシン(藁で編んだわらじに似た履物)　아들을 두다 息子をもつ　늘 いつも　첫째 1番目　둘째 2番目
생각을 바꾸다 考えを変える

付録

| 부록 |

듣기 지문 및 정답

聞取りのスクリプト及び正解

찾아보기

索引

듣기 지문 및 정답 聞取りのスクリプト及び正解

1과

Part 1 들어 봅시다

이은주 안녕하세요? 실례지만 새로 이사 오셨어요?
소피 네. 안녕하세요? 저는 901호로 이사 온 소피 플로베르라고 합니다. 그냥 소피라고 하시면 돼요.
이은주 반갑습니다. 저는 902호에 사는 이은주라고 합니다. 소피 씨는 미국에서 오셨어요?
소피 아니요. 미국이 아니라 프랑스에서 왔어요.
이은주 그래요? 한국에는 언제 오셨어요?
소피 한국에 온 지 두 달 됐어요.
이은주 한국말을 참 잘하세요. 앞으로 잘 부탁드려요.
소피 저도 잘 부탁드려요.

2. (1) ② (2) 프랑스 (3) ① 네 ② 네 ③ 아니요

Part 2 들어 봅시다

언어교육원 원장 안녕하세요? 저는 언어교육원 원장 이윤지라고 합니다. 이렇게 맑고 좋은 날 여러분을 만나서 정말 반갑습니다. 그리고 우리 학교에 한국어를 공부하러 오신 여러분을 진심으로 환영합니다. 우리 학교에는 자랑할 게 많습니다. 특히 우리 학교에는 한국어를 가르친 지 오래되신 선생님들이 많습니다. 이 선생님들이 여러분을 열심히 가르쳐 주실 겁니다. 한국어 실력에 많은 도움이 될 겁니다. 그리고 한국어 수업에는 한국 문화를 경험할 수 있는 다양한 문화 수업이 있습니다. 이 수업은 여러분이 한국 문화를 직접 경험할 수 있는 좋은 기회가 될 것입니다. 또 친구들과 취미 활동을 할 수 있는 여러 동아리 활동도 있습니다. 동아리에도 가입해서 다른 나라에서 온 친구들도 많이 사귀어 보세요. 한 학기 동안 공부도 열심히 하고 좋은 선생님들, 좋은 친구들과 함께 학교생활도 즐겁게 하세요. 다시 한번 여러분을 진심으로 환영합니다. 감사합니다.

2. (1) ① (2) ③ (3) ① 아니요 ② 네

Part 3 읽고 써 봅시다

2. (1) ① 아니요 ② 네 ③ 아니요 (2) ② (3) ① 장소이 ② 나타샤 ③ 얀 ④ 이치로 ⑤ 하이안

2과

Part 1 들어 봅시다

장소이 선생님, 잠깐 이야기할 수 있어요?
선생님 네, 장소이 씨. 무슨 고민 있어요? 학교생활이 힘들어요?
장소이 아니에요. 학교 다니는 건 재미있지만 한국말이 좀 어려워서요.
선생님 그래요? 어떤 게 제일 어려워요?
장소이 다른 것에 비해서 듣기가 너무 어려워요. 수업 중에 선생님 말은 잘 알겠지만 다른 사람 말은 잘 못 알아듣겠어요.
선생님 그래요? 아마 선생님이 말을 천천히 해서 그럴 거예요.
장소이 선생님, 듣기 공부는 어떻게 해야 돼요?
선생님 책에 있는 CD를 꾸준히 듣고, 들은 것을 써 보는 연습을 하세요. 그리고 혼자 공부하는 것도 좋지만 한국 친구를 많이 만나세요.
장소이 만나고 싶지만 한국 친구를 만날 기회가 거의 없어요.
선생님 그래요? 그럼 선생님이 아는 사람을 한 명 소개해 드릴까요?
장소이 네, 그렇게 해 주세요. 감사합니다, 선생님.

2. (1) ③ (2) ① (3) ②, ⑤

Part 2 들어 봅시다

장소이 현미 씨, 이대역에서 압구정동에 갈 때 을지로 3가역에서 3호선으로 갈아타는 거 맞아요?
박현미 네, 맞아요.
장소이 이대역에서 압구정동까지 사십 분 정도 걸리지요?
박현미 네, 그 정도 걸려요. 그런데 장소이 씨, 이대역에서 버스로 경복궁역까지 가고 거기에서 지하철 3호선으로 갈아타는 게 어때요? 지난번에 갔을 때 그게 더 빨랐어요.

장소이 그래요? 그럼 오늘은 그렇게 가 볼게요.
박현미 그런데 교통 카드는 있어요?
장소이 아니요. 교통 카드가 있어야 돼요?
박현미 그게 있으면 갈아탈 때 다시 표를 살 필요가 없어요. 현금보다 더 싸고요.
장소이 그래요? 교통 카드는 어디에서 팔아요?
박현미 은행이나 편의점에서 팔아요.
장소이 네, 알겠어요. 고마워요, 현미 씨.

2. (1) ② (2) ②, ③ (3) ① 네 ② 네 ③ 아니요

Part 3 읽고 써 봅시다

2. (1) ③ (2) ① 네 ② 네 ③ 아니요

(3) 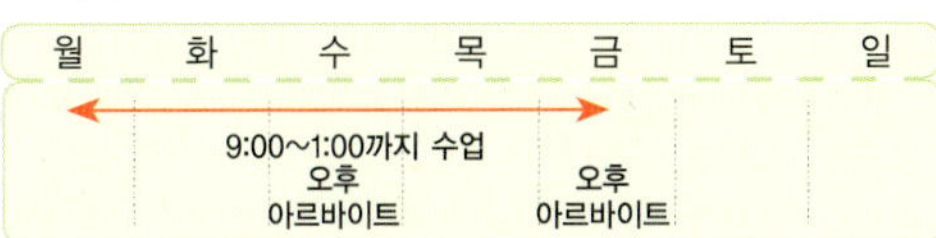

3과

Part 1 들어 봅시다

주인 냠냠치킨입니다.
나타샤 혹시 지금 배달돼요?
주인 네. 그런데 배달이 좀 밀렸기 때문에 30분 쯤 후에 배달될 겁니다. 괜찮으시겠어요?
나타샤 네, 괜찮아요. 통닭 한 마리 배달해 주세요.
주인 어떤 걸로 드릴까요? 매운 맛으로 드릴까요?
나타샤 아니요. 아이 때문에 매운 맛은 안 돼요. 맵지 않은 걸로 주세요.
주인 네, 알겠습니다. 더 필요하신 게 있으세요?
나타샤 콜라 1.5ℓ 짜리 한 병 주세요.
주인 콜라는 서비스로 드립니다. 계산은 어떻게 하시겠어요?
나타샤 카드로 할게요. 얼마예요?
주인 17,000원입니다. 어디로 배달해 드릴까요?
나타샤 지하철 역 근처 이화 아파트 101동 301호예요.
주인 네, 알겠습니다. 감사합니다.

2. (1) ① (2) ② (3) ① 아니요 ② 네 ③ 아니요

Part 2 들어 봅시다

요리 전문가 여러분, 안녕하십니까? 5분 요리 시간입니다. 가끔 배가 출출할 때 "라면이나 먹을까?" 라고 하죠? 그래서 오늘은 라면을 맛있게 끓이는 방법을 알려 드리려고 합니다. 여러분은 라면, 스프, 물을 언제, 어떤 순서로 넣으세요?
먼저 냄비에 물 500cc를 부으세요. 물이 끓으면 스프와 라면을 넣으세요. 그 다음에 불을 세게 한 후 빨리 끓이세요. 그러면 라면이 더 맛있습니다. 그리고 특별한 맛을 원하시면 라면에 계란이나 떡을 넣어 보세요. 먹기 전에 파를 넣으셔도 좋습니다.
내일은 맛있게 밥 짓는 법에 대해 알려 드리겠습니다.

2. (1) ① (2) ② **스프와 라면을 넣는다.** ③ **불을 세게 한 후 빨리 끓인다** (3) ① 네 ② 아니요 ③ 아니요

Part 3 읽고 써 봅시다

2. (1) ① (2) ① 네 ② 아니요 ③ 아니요 (3) 3, 2, 4

4과

Part 1 들어 봅시다

김은경 여보세요. 나타샤 씨, 잘 지냈어요?
나타샤 네. 여름휴가를 다녀왔어요. 그래서 지금 휴가 때 찍은 사진을 정리하는 중이에요.
김은경 그래요? 어디에 다녀왔어요?
나타샤 프랑스 파리에 다녀왔어요. 파리에서 에펠탑하고 루브르박물관을 구경했어요.
김은경 그럼 파리에서 유람선도 탔나요?
나타샤 네. 그리고 저녁에는 멋진 식당에서 프랑스 음식도 먹었어요.
김은경 정말 좋았겠어요. 부러워요.
나타샤 그런데 은경 씨는 여름휴가를 다녀왔어요?
김은경 다음 주에 갈 거예요. 남편이랑 아이들이랑 부산 해운대에 가기로 했어요.

나타샤 그래요? 그럼 다음에 만날 때 사진을 보여 주세요. 전 아직 부산에 못 가 봤어요.

김은경 네. 그럼 휴가 다녀와서 우리 차나 한잔해요. 제가 사진을 가지고 갈게요.

나타샤 네. 그때 봐요.

2. (1) ② (2) ②, ③, ④ (3) ① 아니요 ② 아니요 ③ 네

Part 2 들어 봅시다

직원 어서 오세요. 무엇을 도와 드릴까요?

마이클 저, 서울 관광 상품을 알아보려고요.

직원 여기 앉으세요. 외국 손님들은 주로 고궁 투어와 시내 투어를 많이 하십니다. 어떤 상품이 마음에 드세요?

마이클 글쎄요. 고궁 투어는 뭘 하는 거예요?

직원 고궁 투어는 서울의 궁궐을 구경하는 겁니다. 창경궁을 본 후에 경복궁을 구경합니다. 경복궁에서 한복을 입고 사진 촬영도 하고요. 그리고 근처에 있는 인사동도 관광합니다.

마이클 그럼 시내 투어는요?

직원 그건 먼저 명동을 구경하고 가까이에 있는 한옥 마을에 갑니다. 그 후에 케이블카를 타고 남산에 있는 서울타워에 올라갑니다. 거기서 멋있는 서울 야경을 볼 수 있습니다.

마이클 둘 다 가이드가 있는 거지요? 부모님은 한국어를 전혀 못하세요.

직원 저희 가이드가 영어로 설명을 해 드릴 겁니다.

마이클 알겠습니다. 그럼 부모님께 여쭤보고 결정하겠습니다. 그런데 프로그램을 이메일로 보내 주실래요?

직원 손님 성함과 이메일 주소를 말씀해 주시겠습니까?

마이클 저는 마이클입니다. 제 이메일 주소는 michael@ewha.ac.kr입니다.

직원 네, 감사합니다. 안녕히 가세요.

(1) ③ (2) 고궁 투어: 인사동 관광하기
시내 투어: 한옥 마을 구경하기
(3) ① 네 ② 아니요 ③ 네

Part 3 읽고 써 봅시다

2. (1) ① 네 ② 아니요 ③ 아니요 (2) ② (3) 2, 4, 3

5과

Part 1 들어 봅시다

면접관 우리 호텔에 지원해 주셔서 감사합니다. 요코 씨에게 몇 가지 묻겠습니다. 한국에 온 지 얼마나 됐습니까?

요코 한국에 온 지 반년이 넘었습니다.

면접관 그동안 한국에서 어떤 일을 했습니까?

요코 한국어를 공부했고, 혼자 사는 할머니, 할아버지를 돕는 봉사 활동도 했습니다.

면접관 일본에서 대학교를 졸업하셨군요. 전공이 한국어입니까?

요코 아닙니다. 영어를 전공했습니다.

면접관 그러면 영어도 잘하겠군요. 그런데 요코 씨, 호텔에서 일한 적이 있습니까?

요코 아니요. 여행사에서 일한 적이 있습니다. 그리고 대학교 때는 번역 아르바이트도 한 적이 있습니다.

면접관 그렇군요. 그런데 어떻게 호텔에 관심이 생겼습니까?

요코 여행 갔을 때 여러 호텔을 이용해 보았습니다. 그때부터 호텔에 관심이 생겼습니다.

면접관 저희 호텔에서 어떤 일을 하고 싶습니까?

요코 일본에 이 호텔을 알리는 일을 하고 싶습니다.

면접관 알겠습니다. 내일까지 연락을 드리겠습니다.

2. (1)

면접 결과

지원자 : 야마다 요코 날짜: 9월 3일

경험

- [x] 봉사 활동을 한 적이 있다.
- [ ] 호텔에서 일한 적이 있다.
- [x] 여행사에서 일한 적이 있다.
- [x] 번역 아르바이트를 한 적이 있다.

외국어 능력

- [x] 한국어
- [x] 영어
- [ ] 중국어

희망하는 일 일본에 호텔을 알리는 일

(2) ① 아니요 ② 아니요 ③ 아니요

Part 2 들어 봅시다

장소이 티엔 씨, 학교 정문 앞에 새로 개업한 식당에 가 본 적이 있어요?

티엔 아니요, 아직 안 가 봤어요. 장소이 씨는 가 봤어요?

장소이 네, 저는 지난주 금요일에 친구들과 같이 가 봤어요. 거기에서 친구 생일 파티를 했거든요.

티엔 그래요? 그 식당 음식은 어때요?

장소이 맛도 좋고 분위기도 좋았어요. 그리고 생각보다 가격이 비싸지 않았어요. 그 식당에서 서울 시내 야경도 볼 수 있어서 좋았어요.

티엔 서비스는요?

장소이 직원들이 모두 친절했어요. 생일 파티를 하는 동안 기념사진도 찍어 주고 포도주도 서비스로 주었어요. 그리고 우리에게 생일 축하 노래도 불러 주었어요.

티엔 와, 포도주에 축하 노래까지요? 저도 한번 가 보고 싶어요.

장소이 그래요? 그때 받은 할인 쿠폰이 있으니까 같이 갈래요?

티엔 네, 좋아요. 벌써부터 기대가 되는군요.

2. (1) **친구 생일 파티가 있었기 때문에** (2) ③ (3) ②
(4) ① **아니요** ② **네** ③ **네**

Part 3 읽고 써 봅시다

2. (1) ③ (2) ① **아니요** ② **네**
(3) **아저씨 한 분이 물에서 "아, 시원하다"라고 말했습니다. 그래서 마이클 씨가 물에 들어갔는데 물이 차갑지 않고 뜨거워서 놀랐습니다.**

6과

Part 1 들어 봅시다

간호사 소망피부과입니다.

박현미 저, 지금 가면 김민수 선생님께 진료 받을 수 있어요?

간호사 오늘은 선생님께서 진료가 없습니다. 월, 수, 금요일만 가능합니다.

박현미 그럼 내일 2시로 예약할 수 있어요?

간호사 금요일 2시요? 죄송하지만 수술이 있습니다. 금요일에 진료 받으시려면 3시 이후만 가능합니다.

박현미 그럼 3시로 해 주세요.

간호사 네, 알겠습니다. 그런데 어디가 아프세요?

박현미 얼굴에 뭐가 나서 가려워요.

간호사 그러세요? 손님 성함과 전화번호를 알려 주십시오.

박현미 박현미요. 전화번호는 010-6225-6105예요.

간호사 네, 알겠습니다. 금요일 오후 3시로 예약해 드렸습니다. 늦으시면 많이 기다리셔야 하니까 늦지 않도록 주의하세요. 예약을 취소하시려면 30분 전까지는 연락 주십시오. 전화로만 가능합니다.

박현미 그런데 화장을 하고 가도 되나요?

간호사 가벼운 화장은 괜찮습니다.

박현미 알겠습니다. 감사합니다.

2. (1) ③ (2) ① **아니요** ② **아니요** ③ **아니요** (3) ①

Part 2 들어 봅시다

방송 진행자 안녕하세요. 〈5분 건강〉의 장민우입니다. 요즘 독감이 유행이지요? 특히 요즘 같은 환절기에는 감기나 독감 환자가 많이 생깁니다. 오늘은 여러분께 독감을 예방하는 방법에 대해 말씀드리겠습니다.

독감 바이러스는 공기로 전염됩니다. 그렇지만 독감 바이러스는 건강한 사람에게는 잘 전염되지 않습니다. 독감에 걸리지 않으려면 손발을 항상 깨끗이 씻어야 합니다. 그러니까 외출 후에는 집에 돌아와서 항상 손과 발을 씻으세요. 그리고 독감은 눈으로 전염될 수도 있습니다. 씻지 않은 손으로 눈을 비비거나 코나 입을 만지지 않도록 주의하세요. 또 사람이 많은 곳은 피하도록 하십시오. 어린아이나 노약자 분들은 가능하면 외출하지 마세요. 특히 기침을 하거나 재채기를 하시는 분들은 외출할 때 반드시 마스크를 쓰도록 하세요.

독감을 예방하기 위해서는 먹는 것도 중요합니다. 비타민C 영양제나 과일 등을 많이 드시고 몸이 피곤하지 않도록 쉬세요. 지금까지 5분 건강이었습니다. 안녕히 계십시오.

2. (1) ① (2) ①, ⑤ (3) ① **네** ② **네**

Part 3 읽고 써 봅시다

2. (1) ① (2) ③

(3) ① 몸에 좋은 음식을 많이 먹고 인스턴트 식품 먹는 것을 줄인다.

② 하루에 6시간 이상을 푹 잔다.

③ 항상 마음의 여유를 가지고 긍정적인 생각을 한다.

7과

Part 1 들어 봅시다

마이클 영민 씨, 한국에서는 보통 입학식 때 뭘 선물해요?
박영민 왜요? 마이클 씨, 누가 학교에 들어가요?
마이클 친한 친구가 이번에 대학교에 입학해요. 그래서 선물을 하나 사 주고 싶어서요.
박영민 그렇군요. 대학생에게는 노트북이나 양복 같은 걸 많이 해 주는 것 같아요.
마이클 그래요? 그런데 그것보다 저렴한 건 없을까요?
박영민 그럼 디지털 카메라는 어때요? 요즘 사진을 찍어서 개인 홈페이지에 올리는 것이 유행이니까 디지털 카메라도 좋아할 거예요.
마이클 그것도 좋지만 그 친구는 디지털 카메라가 있어요.
박영민 그래요? 그럼 MP3는요? 학교에 갈 때나 집으로 올 때 많이 쓸 수 있으니까 좋을 거예요.
마이클 아, 그럼 MP3로 사야겠군요. 영민 씨가 도와준 덕분에 좋은 걸 선물할 수 있겠어요. 고마워요.

2. (1) ②, ③, ⑤ (2) ③ (3) ① 네 ② 아니요 ③ 네

Part 2 들어 봅시다

점원 어서 오세요. 어떻게 오셨어요?
손님 저 며칠 전에 여기에서 휴대 전화를 샀어요. 그런데 전원이 잘 안 켜져서요. 그리고 기능이 너무 많아서 그런지 좀 불편해요.
점원 통화는 잘 되나요?
손님 네. 그건 괜찮았어요. 혹시 전화기를 교환할 수 있을까요?
점원 산 지 이주일이 안 되셨으면 교환이 가능해요. 휴대 전화를 언제 사셨어요?
손님 지난 주말에 샀으니까 4일 됐어요.
점원 그럼 가능합니다. 영수증 가져오셨죠? 영수증이 있어야 됩니다.
손님 네. 여기 있어요.
점원 네. 여기서 골라 보세요.
손님 다른 색깔로 교환해도 돼요?
점원 그럼요. 손님이 가져오신 휴대 전화는 은색이군요. 여성분들은 보통 흰색이나 분홍색을 많이 찾으세요.
손님 처음에 분홍색을 사려고 했어요. 그런데 없어서 은색으로 샀어요. 혹시 분홍색이 있을까요?
점원 마침 하나 있어요. 그럼 이걸로 하시겠어요?
손님 네. 그럼 그걸로 주세요.

2. (1) ③ (2) ② (3) ① 아니요 ② 네

Part 3 읽고 써 봅시다

2. (1) ① 아니요 ② 네 ③ 네 (2) ②, ⑤

(3)

전자사전을 만족해 하는 이유 조사

☐ 저렴한 가격 때문에	☑ 가지고 다니기 편해서
☐ 디자인이 좋기 때문에	☐ 제품을 빨리 배달해 줘서
☑ 제품의 재질이 좋아서	☑ 전원을 누를 필요 없이 켜져서

찾아보기 索引

지은이 소개 執筆者の紹介

김현진 金炫辰

이화여자대학교 언어교육원 특임교수　梨花女子大学校 言語教育院特任教授

이화여자대학교 독어독문학과 박사　梨花女子大学校 独語独文学科博士

이인경 李仁暻

전 이화여자대학교 언어교육원 강사　前梨花女子大学校 言語教育院講師

이화여자대학교 국어국문학과 박사 수료　梨花女子大学校 国語国文学科博士修了

강여림 姜麗林

전 이화여자대학교 언어교육원 강사　前梨花女子大学校 言語教育院講師

이화여자대학교 외국어로서의 한국어교육 전공 석사　梨花女子大学校 外国語としての韓国語教育専攻碩士

박은선 朴恩宣

전 이화여자대학교 언어교육원 강사　前梨花女子大学校 言語教育院講師

이화여자대학교 한국학과 박사　梨花女子大学校 韓国学科博士

김미영 金美英

전 이화여자대학교 언어교육원 강사　前梨花女子大学校 言語教育院講師

한국외국어대학교 일본어교육학과 석사　韓国外国語大学校 日本語教育学科碩士

MP3の目録

• 본 교재의 듣기 자료는 이화여자대학교출판문화원 홈페이지(www.ewhapress.com) '자료실'에서 내려받을 수 있습니다.

トラック	単元	タイトル	ページ
1	1과	pt. 1 준비합시다1	20
2	1과	pt. 1 준비합시다2	21
3	1과	pt. 1 준비합시다3	22
4	1과	pt. 1 들어 봅시다	23
5	1과	pt. 1 말해 봅시다	25
6	1과	pt. 2 준비합시다1	26
7	1과	pt. 2 준비합시다2	27
8	1과	pt. 2 들어 봅시다	28
9	1과	pt. 2 어휘	29
10	1과	pt. 2 말해 봅시다	31
11	1과	pt. 3 읽고 써 봅시다	32
12	1과	pt. 3 낭독	33
13	1과	문학 맛보기	35
14	2과	pt. 1 준비합시다1	38
15	2과	pt. 1 준비합시다2	39
16	2과	pt. 1 준비합시다3	40
17	2과	pt. 1 들어 봅시다	41
18	2과	pt. 1 말해 봅시다	43
19	2과	pt. 2 준비합시다1	44
20	2과	pt. 2 준비합시다2	45
21	2과	pt. 2 들어 봅시다	46
22	2과	pt. 2 어휘	47
23	2과	pt. 2 말해 봅시다	49
24	2과	pt. 3 읽고 써 봅시다	50
25	2과	pt. 3 낭독	51
26	2과	문학 맛보기	53
27	3과	pt. 1 준비합시다1	56
28	3과	pt. 1 준비합시다2	57
29	3과	pt. 1 준비합시다3	58
30	3과	pt. 1 들어 봅시다	59
31	3과	pt. 1 말해 봅시다	61
32	3과	pt. 2 준비합시다1	62
33	3과	pt. 2 준비합시다2	63
34	3과	pt. 2 들어 봅시다	64
35	3과	pt. 2 어휘	65
36	3과	pt. 2 말해 봅시다	67
37	3과	pt. 3 읽고 써 봅시다	68
38	3과	pt. 3 낭독	69
39	3과	문학 맛보기	71
40	4과	pt. 1 준비합시다1	74
41	4과	pt. 1 준비합시다2	75
42	4과	pt. 1 준비합시다3	76
43	4과	pt. 1 들어 봅시다	77
44	4과	pt. 1 말해 봅시다	79
45	4과	pt. 2 준비합시다1	80
46	4과	pt. 2 준비합시다2	81

トラック	単元	タイトル	ページ
47	4과	pt. 2 들어 봅시다	82
48	4과	pt. 2 어휘	83
49	4과	pt. 2 말해 봅시다	85
50	4과	pt. 3 읽고 써 봅시다	86
51	4과	pt. 3 낭독	87
52	4과	문학 맛보기	89
53	5과	pt. 1 준비합시다1	92
54	5과	pt. 1 준비합시다2	93
55	5과	pt. 1 어휘	94
56	5과	pt. 1 들어 봅시다	95
57	5과	pt. 1 말해 봅시다	97
58	5과	pt. 2 준비합시다1	98
59	5과	pt. 2 준비합시다2	99
60	5과	pt. 2 준비합시다3	100
61	5과	pt. 2 들어 봅시다	101
62	5과	pt. 2 말해 봅시다	103
63	5과	pt. 3 읽고 써 봅시다	104
64	5과	pt. 3 낭독	105
65	5과	문학 맛보기	107
66	6과	pt. 1 준비합시다1	110
67	6과	pt. 1 준비합시다2	111
68	6과	pt. 1 들어 봅시다	112
69	6과	pt. 1 어휘	113
70	6과	pt. 1 말해 봅시다	115
71	6과	pt. 2 준비합시다1	116
72	6과	pt. 2 준비합시다2	117
73	6과	pt. 2 준비합시다3	118
74	6과	pt. 2 들어 봅시다	119
75	6과	pt. 2 말해 봅시다	121
76	6과	pt. 3 읽고 써 봅시다	122
77	6과	pt. 3 낭독	123
78	6과	문학 맛보기	125
79	7과	pt. 1 준비합시다1	128
80	7과	pt. 1 준비합시다2	129
81	7과	pt. 1 준비합시다3	130
82	7과	pt. 1 들어 봅시다	131
83	7과	pt. 1 말해 봅시다	133
84	7과	pt. 2 준비합시다1	134
85	7과	pt. 2 준비합시다2	135
86	7과	pt. 2 들어 봅시다	136
87	7과	pt. 2 어휘	137
88	7과	pt. 2 말해 봅시다	139
89	7과	pt. 3 읽고 써 봅시다	140
90	7과	pt. 3 낭독	141
91	7과	문학 맛보기	143